大学生职业生涯规划与创业教育研究

李月琴 ◎ 著

北京工业大学出版社

图书在版编目（CIP）数据

大学生职业生涯规划与创业教育研究 / 李月琴著．——
北京：北京工业大学出版社，2020.6（2023.2 重印）
ISBN 978-7-5639-7542-6

Ⅰ．①大… Ⅱ．①李… Ⅲ．①大学生—职业选择—研
究②大学生—创业—研究 Ⅳ．① G647.38

中国版本图书馆 CIP 数据核字（2020）第 117452 号

大学生职业生涯规划与创业教育研究
DAXUESHENG ZHIYE SHENGYA GUIHUA YU CHUANGYE JIAOYU YANJIU

著　　者：李月琴
责任编辑：张　贤
封面设计：点墨轩阁
出版发行：北京工业大学出版社
　　　　　（北京市朝阳区平乐园 100 号　邮编：100124）
　　　　　010-67391722（传真）　　bgdcbs@sina.com
经销单位：全国各地新华书店
承印单位：三河市元兴印务有限公司
开　　本：710 毫米 ×1000 毫米　1/16
印　　张：12.25
字　　数：245 千字
版　　次：2020 年 6 月第 1 版
印　　次：2023 年 2 月第 2 次印刷
标准书号：ISBN 978-7-5639-7542-6
定　　价：48.00 元

作者简介

李月琴，女，1983 年 12 月出生，江苏省常州市人，毕业于南京大学，硕士研究生学历，现任常州工程职业技术学院思政讲师、高级职业指导师、心理咨询师。研究方向：教育管理、学生思想政治教育。主持并完成江苏省"十三五"规划课题一项、江苏省高校哲学社会科学研究课题一项、共青团江苏省委课题一项、江苏省党建课题一项，发表论文十余篇。

前言 / Preface

　　大学生职业生涯规划强调职业在人生发展中的重要地位，强调学生的全面发展和终身发展，激发大学生职业生涯发展的自主意识，使其树立正确的择业观，促使大学生理性地规划自身未来的发展，并努力在学习的过程中自觉地提高就业能力和职业生涯规划能力。

　　从全球经济形势来看，创业型经济已经成为世界经济发展的主要模式。加强创业教育是我国未来经济和社会发展的必然要求。一方面，经济结构调整必然会引起经济模式的变化；另一方面，高等教育改革，也必然会引起人才培养模式的调整。创业教育是满足青年学生对成材的渴望、对财富的渴求的高层次需求的教育。在市场经济条件下，新一代的青年对成材的渴望、对财富的渴求超过任何时代。创业教育为学生全面发展、实现自身价值提供了广阔的舞台。

　　全书共八章。第一章为职业生涯规划与人生发展，主要阐述走进职业世界、职业生涯规划的基础、职业生涯规划的相关理论、职业生涯规划与人生发展的关系等内容；第二章为大学生的就业形势与就业前景，主要阐述大学生的就业形势、大学生的就业前景等内容；第三章为大学生职业生涯规划的制订，主要阐述大学生职业生涯规划的设计、大学生职业生涯规划方案的制订以及大学生职业生涯规划方案的实施等内容；第四章为大学生的大学生活与职业准备，主要阐述认识大学生活、大学生的职业准备等内容；第五章为大学生的自我认知与职业素养，主要阐述大学生的自我认知、大学生的职业素养等内容；第六章为大学生的自我管理与职业发展，主要阐述大学生的自我管理、大学生的职业发展等内容；第七章为大学生创业指导与能力训练，主要阐述走进创业时代、大学生创业准备、创业项目的选择与决策、创业计划书的编制与创新创业计划的实施等内容；第八章为大学生创业教育的实施策略，主要包括大学生创业教育概述、大学生创业教育的基本原则和理论依据、大学生创业教育实施的指导思想、大学生创业教育实施的具体方法等内容。

　　为了确保研究内容的丰富性和多样性，作者在写作过程中参考了大量理论与研究文献，在此向相关专家学者表示衷心的感谢。最后，由于作者水平有限，加之时间仓促，本书难免存在一些疏漏，请读者朋友批评指正。

目录 Contents

第一章　职业生涯规划与人生发展

在当今物竞天择、适者生存的社会中，大学生必须有一个良好的职业规划，对未来的职业需要精心地、科学地规划、筹备。让大学生理解职业生涯规划的确切含义，对职业生涯规划的意义有足够认识，了解职业生涯规划的程序等，是职业生涯规划中要把握的重点。本章分为走进职业世界、职业生涯规划的基础、职业生涯规划的相关理论、职业生涯规划与人生发展的关系四部分，主要内容包括职业与专业的对应关系、职业生涯规划的概念、职业生涯选择理论、职业生涯规划对大学生的重要性等。

第一节　走进职业世界

一、职业

（一）职业的含义

职业是指参与社会分工，利用专门的知识和技能为社会创造物质财富和精神财富，获得合理报酬作为物质生活来源，并满足精神需求的工作。可以从四个方面来理解职业的概念。第一，与人类的需求和职业结构相关，强调社会分工；第二，与职业的内在属性相关，强调利用专门的知识和技能；第三，与社会伦理相关，强调创造物质财富和精神财富，获得合理报酬；第四，与个人生活相关，强调物质生活来源，并涉及满足精神需求。

（二）职业的分类

职业分类是指采用一定的标准和方法，依据一定的分类原则，对从业人员所从事的各类专门化的社会职业进行的全面、系统的划分与归类。根据不同的标准，社会中众多的职业可以分为不同的类型。

职业按照行业可以分为第一产业、第二产业和第三产业。第一产业是国民经济发展的基础行业，如农业、林业、渔业和畜牧业等；第二产业是国民经济发展的主导行业，如工业、交通业和建筑业等；第三产业是指商业、服务业和旅游业等。

按社会需求的变化，可以对职业做一个形象的分类：①曙光职业。仿佛东方已经初现亮光，但是太阳还没有升起，如职业生涯培训师、职业生涯咨询辅导师和职业规划管理师等职业在我国尚属曙光职业。②朝阳职业。就像一轮红日冉冉升起，如营销师、项目管理师、商务策划师、电子商务师、企业培训师、企业信息管理师、企业行政管理师、网络工程师和人力资源管理师等。③如日中天的职业。指那些已经得到充分发展并在目前占据主流的职业，就像正午的太阳普照着大地，是世间万物的主要能量来源，具有不可替代的稳固地位，如企业家、公务员和建筑设计师等。④夕阳职业。指那些正在逐渐减少，或呈下降趋势的职业。有的职业虽然曾经人数众多，现在或许依然还有社会需求，但日落西山之势已经显而易见，如公交车售票员等。⑤黄昏职业。该类职业已经暮色环绕，从业人数急剧减少，如弹棉花工、送煤工、货郎、钢笔修理工和相片着色工等。⑥恒星职业。指只要人类社会延续就一定会存在下去的职业，如教师、厨师、服装设计师和医生等。⑦流星职业。指像流星般一闪而过的职业，如传呼台的传呼员，在2000年还是一个不错的职业，但是后来随着手机的普及，传呼台没有了，传呼员这个职业也消失了。⑧昨日星辰职业。该类职业曾持续较长的时间，但现在已经完全消失，如铅字打字员等。

（三）职业的功能

1. 个体获取经济收入的主要途径

马斯洛认为生理上的需求是人类维持自身生存的最基本需求，包括衣食住行等方面。如果这些需求得不到满足，人类的生存就成问题。从这个意义上来说，生理需求是推动人们行动的最强大的动力。职业活动的收入是个体的主要经济来源。

2. 个体参与社会交往的重要手段

个体在社会生活中有感情需要和尊重需要。在感情需要方面，人都需要朋友、同事和家人之间的友谊、合作和关爱，希望可以得到关心和照顾；在尊重需要方面，人都希望自己有稳定的社会地位，个人的能力和成就能得到社会的认可。感情和尊重是比生存层次更高的需要，是人迫切追逐的目标，也是激励人发挥潜力的最大动力。通过从事某种职业，个体可以与他人交往，并在交往中获得他人的认可。这种认可可以是名誉、地位等非经济利益，也可以是别人对自己的尊重和信任等精神力量。

3. 个体实现自我价值的必要载体

职业的本质是劳动力和生产资料的结合，人们的职业劳动创造了财富，让人实现了自我价值。职业是个体发挥能力的重要途径，个体通过职业参与到社会劳动分工中去，并在追求自我实现和发展的同时为社会做出贡献。

二、专业

专业，一般指学校根据社会分工需要而划分的学业门类。实际上，专业有广义、狭义和特指三种解释。①广义的专业，是指某种职业不同于其他职业的、一些特定的劳动特点。②狭义的专业，主要指某些特定的社会职业。这些职业的从业人员从事的是比较高级、复杂和专门化程度较高的脑力或体力劳动。一般人所理解的专业，大多就是指这类特定的职业。③特指的专业，是指高等学校中的专业。学生在学习过程中会发现，在专业教学中对实际操作能力的要求相当高，学生有相当多的时间是在实验室、实训室中度过的。学生不仅要学会理论知识，还要将理论知识应用于实践，这既是高等教育的特征，也是学生学习的特点之一。

三、职业与专业的对应关系

在做职业生涯规划时，职业与专业之间的关系是必须面对又要解决好的重大问题。有人说，专业决定了职业；还有人说，专业和职业没有多少联系。职业与专业之间的关系不是前者所说的对应的关系，当然也不是后者所说的一点关系也没有。学习中文的人可以成为记者，学习新闻的人也可以成为高校教师或者公务员。

的确，许多成功者现在所从事的职业并不是原来所学的专业，但我们要看其毕业后从事的第一份正式职业。因为我们知道学以致用是最符合经济效益的个人发展原则。所以，个人从事的第一份正式职业如果就是原来所学的专业，对提高个人发展效率有着非常重要的战略意义。

在社会分工越来越细，在每个行业所要学的知识和技能越来越专业的时候，如果要在非本专业上从事相应的工作，那么一切从零开始，会花费很大的个人代价（时间、金钱和精力）。所以，大学生在做职业规划时，要尽量让自己所学的专业与将来从事的职业联系起来，避免走弯路。专业和职业之间呈现出的是一种复杂的相关关系，可以概括为三种：①一对多。就是指一个专业对应多个职业方向，这些专业一般是学习内容比较广博，发展方向可以分散的专业，如哲学、历史、中文、经济学等专业。②多对一。就是不同的专业可以发展为同一个职业方向，这种职业一般技术含量不高，但要求个人在实践中自己领悟和学习，如业务开拓人员、新闻记者、企业管理人员、市场营销人员等。③一一对应。一般为技术性较强、专业分工明确的工科专业。

四、专业知识

一名大学生只有完成了专业教学计划规定的学习任务，才是一个符合专业培养规格的、合格的毕业生。学好专业知识不仅是顺利就业的必备条件，还是实现职业生涯目标的基础。学好专业知识需要从以下几方面入手。

（一）了解自己的专业

新生入学后，学校组织的"专业教育"是学生了解所学专业的最基本的途径。通过"专业教育"，学生会对所学专业有一个大致的了解，包括专业所属的学科、将来与专业有关的工作等。同时，新生可以通过与高年级学生的交流达到了解专业的目的。大学新生应充分利用这些途径尽快对所学专业有所了解，只有这样才不会在将来的学习中陷入被动。

（二）熟悉自己的专业

熟悉专业的过程是与学习过程相随的，通过对专业课程的学习，必然会对所学专业有更深入的了解。在学习专业课程的基础上，应掌握所学专业的专业结构和学科结构、发展历史、当前的理论动态和科研情况。熟悉自己的专业仅局限于课堂学习是不够的，随着自己专业知识的增多，应利用一切机会，加强与学校教师和专业从业人士的交流，只有这样才能深入地熟悉自己的专业。

（三）热爱自己的专业

有专业的划分就必然有专业的差异。由于在填报高考志愿时，并不了解所选专业，所以部分学生在入学后会发现所选专业与自己的意愿存在差异，可能会出现厌学现象，这是没有必要的。因为专业的划分是相对的，大学期间关键在于自己综合素质的提高。开始时并不了解所学专业最后却在此领域取得卓越成就的例子不胜枚举。必须明确的是，大学生在校期间所学专业与将来所从事的工作并不是一一对应的关系。据有关部门统计，大学毕业生中所谓的"专业对口"的比例是很低的，经验数据表明，在未来的发展中综合素质是最重要的。

五、专业与职业变动

从专业相关性的角度来说，选择与专业相关的职业当然对职业发展有很大的帮助，但问题是大学生一开始所选择的专业可能不是按照自己的兴趣等内在适应性来确定的。也就是说，大学生在大学期间所读的专业很可能不是最适合其本人的，其实，只有当学生的职业理想及由职业理想转化的职业目标与学生所学的专业高度相关时，专业才是影响学生择业的关键因素，否则就不用被所学专业限制。在职业理想上所指的专业是个人日后要从事职业的知识，所以它可能是个人现在所学的专业，也可能是个人喜欢的专业、个人改学的专业等，总之是能够实现职业理想的基本知识。所以当学生的职业理想并不是学生所学的专业时，就不用被其所约束。要知道，从职业理想的角度来看，学生所做的就是所愿的，所愿的就是所喜欢的。

所谓的专业对口与否，只有在和职业理想相联系时才需要学生去考虑，而不是要按所学专业的职业前途去选择自己要做的工作。如果说高考时因不了解自己和不懂得规则而错选了专业，那在大学毕业时的职业选择就是第二次认识自己的机会。所以说，如果学生当初所学的专业不符合理想和追求，那完全可以在毕业选择职业时做出和理想接近的选择。

在观念开放、人才流动频繁的现代社会，跨行求职已不是新鲜事，就业的压力迫使越来越多的大学生选择了跨专业求职，从事与自己所学专业不相关的工作。对于跨专业求职一族而言，无论是"逼上梁山"的无奈，还是一种自主选择，他们都用自己的兴趣和勇气走出了一条不同寻常的就业路。他们在新的领域里，看到了别样的风景，享受了别样的人生。

在竞争日益激烈的人才市场中，当专业优势不再是求职优势的时候，求职者的爱好或特长，往往是使其从众人中脱颖而出的一个显著标记。或许，兴趣求职只是求职成功中的一个偶然因素，但它却反映出这样一个事实：机会不仅垂青有准备的人，而且垂青有多种技能的人。兴趣广泛、拥有多方面技能的人才，无疑会使自己拥有更多的求职筹码，也就理所当然地成为求职场上的佼佼者了。

第二节 职业生涯规划的基础

一、职业生涯规划的概念

职业生涯规划是指个人和组织相结合，在对个人职业生涯的主客观条件进行测定、分析、总结、研究的基础上，对自己的兴趣、爱好、能力、特长、经历及不足等进行综合分析与权衡，结合时代特点，根据自己的职业倾向，确定其最佳的职业奋斗目标，并为实现这一目标做出行之有效的安排。

二、职业生涯规划的特征

（一）终生性

大学生职业生涯是大学生一生当中连续不断的过程，职业生涯概括了大学生一生中的各种职位和角色，概括了大学生一生中的各种职业活动和行为。因此，职业生涯规划具有终生性。

（二）独特性

每名大学生都有自己的从业条件，有自己的职业选择和职业规划。每名大学生都有为实现自己的职业目标而做出的各种不同努力。所以，每名大学生的职业生涯都是独一无二的。不仅从事不同职业的个人有明显不同的职业生涯，而且从事相同职业的不同个人的职业生涯也是不同的，并且从事同一职业的同一个人，在不同阶段，其职业生涯也是有变化的。

（三）发展性

大学生的职业生涯，是一个不断变化的动态发展过程。随着大学生自身认识能力的不断提高，对世界和职业的认识不断深入，使得他们的职业目标不断变动，职业目标变动以后，职业规划相应地调整，职业生涯也随之变动。不同的个体，有的职业生涯成功了，有的失败了；有的职业生涯进展顺利，有的遭受挫折等。

（四）阶段性

大学生职业生涯是由不同的发展阶段构成的，可以划分为不同的发展时期。每个阶段、每个时期都有不同的目标和任务，职业生涯各个阶段之间具有逻辑关系，每一个阶段都是前一阶段的延续，又是后一阶段的基础，各个阶段是一个统一的发展过程。在校大学生如果积极、主动地为职业生涯做准备，迅速地迈出自己职业生涯的第一步，就能为自己将来的职业生涯的顺利发展奠定基础，促成自己职业生涯的成功，实现自己的职业目标。

三、影响职业生涯的因素

成功的职业生涯规划要考虑各种要素，主要包括知己、知彼、抉择、目标、行动。知己知彼，才有可能百战百胜，而不是一定能百战百胜，就如同在武林中，百战百胜的前提是熟知自己的武功招数，以及自己如何破解对方招数的方法。破解对方的招数是目标，破解的技术是行动。有了积极行动之后，战胜的概率才会提高。

这里主要介绍知己、知彼、抉择三个因素：①知己。所谓"知己"，就是自我认识与自我了解。了解自己这个人，向内看，看自己的兴趣、能力、价值观、个性；向外看，看父母的管教态度、学校与社会教育对个人产生的影响等。②知彼。所谓"知彼"，就是熟悉周围的环境，特别是与职业生涯发展有关的职业世界。知彼是探索外在的世界，包括行业职业的特征、所需的能力、就业渠道、工作内容、工作发展前景、行业职业的薪资待遇等。③抉择。抉择包括抉择技巧、抉择风格，以及抉择可能面临的冲突、阻力和得到的助力等。

知己知彼相互关联，在此基础上确定的个人职业生涯目标要符合现实，而不是一厢情愿；对从事的职业要感兴趣，而不是被动地去工作；所从事的工作能发挥专长、优势；对工作的环境能够适应，工作起来游刃有余。这样的生涯设计不仅做到了"知己""知彼"，而且做出了正确的"抉择"。所以，"知己""知彼"与"抉择"就是职业生涯设计要把握好的三大要点。

第三节　职业生涯规划的相关理论

一、职业生涯选择理论

职业生涯选择理论以"职业辅导之父"弗兰克·帕森斯为代表人物。1908年1月13日，帕森斯在美国波士顿成立了波士顿职业局，开创了职业辅导的先河。同年5月1日，他发表重要演讲，系统阐述了职业辅导的步骤。1909年

5月，帕森斯出版了第一本职业辅导专著《选择一个职业》。帕森斯对职业辅导最重要的贡献之一是建立了帮助个体选择职业的概念架构。

职业生涯选择理论强调人与职业的匹配，主要基于的理论假设有三个：人有个体差异，职业有要求差异，不同的人适合不同的职业；通过测评等方式可以了解个人的特质；人们应该选择最适合自己的职业。职业生涯选择理论中最有代表性的是特质因素理论、工作适应理论、人格类型论和职业锚理论四种理论。

（一）特质因素理论

特质因素理论是研究个体特质与职业因素是否匹配以及匹配程度的理论。早期的特质因素理论源于帕森斯的"人职匹配"概念。特质是指个人的人格特征，主要包括兴趣、成就、价值观和个性等，可以借助测验或量表等进行测评，以反映个人的潜能。因素是指在工作上获得成功表现所必须具备的条件。

特质因素理论强调的是个人特质与职业选择的关系，这一理论主要包含三个方面的内容：①个体要清楚地了解自己，包括了解自己的能力倾向、能力、兴趣、雄心、资源和限制，以及这些特质的成因。每一个人都是独特的，这种独特性表现在兴趣、能力、价值观和人格特质上。②个体要了解各种工作成功所必须具备的条件和要求以及工作的优点和缺点、待遇、就业机会和发展前途。每一个职业和工作也都有其独特性，这种独特性表现在工作项目、所需能力和所提供的报酬上。③个体要准确地推论出以上这两组事实之间的相关情形。个人与职业的独特性都能通过评估工作测量出来；如果个体的特性和职业的特性是吻合的，那么双方都会感到满意。

特质因素理论重视个体差异与职业环境，但是这一理论建立在一个人只有一种职业是适合自己从事的，每一种工作只需要第一类型的人来从事的基础上，从而将个人特质与工作要求看作静态的关系，忽略了个体学习成长的潜能以及工作要求不断变化的可能。

（二）工作适应理论

明尼苏达大学的戴维斯和罗圭斯特以及其同事将特质因素理论发展为工作适应理论，该理论也被称为"明尼苏达工作适应论"。这一理论不仅关注职业的选择，还关注人与工作、人与工作环境的关系。该理论认为，人有自己的能力系统和需求系统，工作对人的能力也有相应的要求，个人的需求会变，工作的要求也会变。每个人都会努力寻找与个人符合度高的工作，如果个人能力符合工作的要求，外在的组织满意度就高；如果工作能够满足个人的需求，内在的个人满意度就高。这一过程是个人和组织双向互动、双向适应的过程，最终达到双方都满意的状态，即动态平衡。

对于个体而言，"能力"变量是与工作所需技能相关的能力或天赋；"价值观"变量表达了个体希望从工作中获得的结果，戴维斯和罗圭斯特定义了成就、地位、舒适、利他、安全和自主六种价值观。与个人能力相关的是工作的能力要求，个人的能力是否符合工作对能力的要求，体现在组织的满意感上，高满意度为个体带来晋升，否则会导致调任或解雇；与个人价值观相关的是强化方式，工作的回报方式是否符合个体的价值观，体现在个人的满意度上，高满意度带来留任，否则辞职。当个人因晋升、调任、解雇、辞职而进入一个新的工作后，新的工作又会形成新的能力系统和需求系统。

这一理论从组织满意度和个人满意度两个方面体现个人与工作的关系，个体在寻求并保持与环境的一致，当工作环境能满足个人需求，个人同时能顺利完成工作时，符合程度随之提高。个人与工作之间的符合与否是个体与环境互动过程的产物，个人的需求会不断变化，工作的要求也会随经济形势的变化和技术的进步而调整，如果个人能够维持与工作环境符合一致的关系，那么个人的工作满意度就高，在这个工作领域就能获得持久发展。当个人的能力达不到工作的能力要求时，可以通过个人调整或企业的帮助，提高个人能力来满足职位的要求；当个人对工作的需求大于工作所能满足的需求时，也可以通过个人和企业调整，达到留任的效果。工作适应理论如同天平，追求平衡、匹配和适应，天平的一侧是个人的能力及对工作的需求和欲望，天平的另一侧是工作的能力要求及工作所能够给予的需求满足。

工作适应理论仍属于特质因素理论的范畴，不过已将重点扩及个人在工作情境中的适应问题，强调就业后个人需求的满足，同时也考虑能否达到工作环境的要求。但是，工作适应理论也有自己的局限，这一理论关注个体当下的工作，只聚焦于工作本身，强调个人工作的稳定性和企业员工的稳定性，是即时而非生涯的；这一理论强调个人与工作环境之间存在互动关系，符合与否是互动过程的产物，只有当工作环境满足个人的需求，个人也能达到工作的技能要求时，个人在工作领域才能得到持久发展，而忽略了其他影响因素。

（三）人格类型论

人格类型论是由美国霍普金斯大学的约翰·霍兰德教授提出的，该理论认为职业选择是个人人格在工作世界的反映和延伸，同时霍兰德又根据本人的职业咨询经验总结出，个人会被某些满足其需要和角色认同的特定职业所吸引。经过大量的研究之后，他形成了一套系统的职业指导模式。

约翰·霍兰德，美国著名心理学家、职业指导专家，美国霍普金斯大学心理学教授，长期从事职业咨询工作，是该领域里程碑式的人物。1959年，他以自己从事职业咨询的经验为基础，通过对自己的职业生涯和他人的职业道路的研究，首次提出了具有广泛社会影响的职业兴趣理论，并阐述了个人兴趣与环境类型相匹配的思想。在其后的几十年中，霍兰德和其助手对该理论又进行了多次补充和修订，形成了一套系统的职业指导模式，包括兴趣与职业类型的划分、职业分类、类型鉴定表等。个人可以通过自我评定来确定自己的兴趣类型，并依据兴趣类型来选择相应的职业。1973年，霍兰德的《做出职业选择》问世，在这本书中，霍兰德全面论述了他的职业兴趣和职业选择理论。该理论的基本观点为：①职业选择是个人人格的延伸和表现。②个人的兴趣组型即人格组型。③同一职业团体内的人有相似的人格，因此他们对很多情境与问题会有类似的反应方式，从而产生类似的人际环境。④在社会文化中，大多数人的人格都可以分为六种类型：现实型（Realistic Type，简称R）、研究型（Investigative Type，简称I）、艺术型（Artistic Type，简称A）、社会型（Social Type，简称S）、企业型（Enterprising Type，简称E）与传统型（Conventional Type，简称C）。每一特定类型人格的人，会对相应职业类型中的工作或学习感兴趣。

霍兰德认为个人的行为取决于人格和所处的环境特征之间的相互作用，只有人格类型与环境或职业类型相容或相近，才能达成类型与环境的"和谐"。基于以上观点，霍兰德提出了四项核心假设和三个辅助假设。

四项核心假设：①在我们的文化里，大多数人可以被归纳为六种类型，即现实型、研究型、艺术型、社会型、企业型和传统型，这六种类型按照一个固定的顺序可排成一个六边形。②社会环境中有六类职业，即现实型、研究型、艺术型、社会型、企业型和传统型。同样，这六大职业类型，按照一个固定的顺序也可排成一个六边形。③人总是寻找适合个人人格类型的环境，锻炼相应的技巧与能力，从而表现出各自的态度及价值观，面对相似问题的人群，会扮演相似的角色。④一个人的行为表现，是由他的人格与他所处的环境的交互作用决定的。

三个辅助假设：①一致性。一致性是指类型之间在心理上一致的程度。例如，艺术型和社会型在性格特征上比较接近，表现为善于表达、喜欢与人交往、外向等，我们称这两种类型的一致性高。反之，传统型和艺术型的一致性偏低，前者顺从、依赖、工作有序性强，后者独创性强。不同类型的一致性程度可以用它们在六边形上的距离表示，即一致性高的，它们在六边形模型上的位置是相邻的；一致性中等的，它们在六边形模型上的位置是相隔的；一致性低的，它们在六边形模型上的位置是相对的。②区分性。某些人或某些职业环境的界定较为清晰，较为接近某一类型，而与其他类型相似甚少，这种情况表示区分性良好；若某些人与多种类型相近，则表示他们的区分性较低。③适配性。适配性指人格类型与职业类型的匹配程度。适配性的高低，可以预测个人的职业满意度、稳定性及职业成就。例如，研究型的人更适合研究型的职业环境，只有这种职业环境才最适合其发展。适配性是霍兰德三个辅助假设中最为重要的一个假设。不同的人需要不同的工作环境，通过了解适配性的高低，可以帮助我们预测个人的职业满意度、职业稳定性及职业成就感。该理论主要适用于个体早期自我评估中的兴趣探索，以初步确定职业类型。

（四）职业锚理论

职业锚理论是由美国著名的职业指导专家、麻省理工学院斯隆商学院的埃德加·施恩教授所领导的专门研究小组提出的，研究小组对斯隆商学院 1961—1963 年毕业的 44 名 MBA 毕业生进行了长达 12 年的职业生涯研究，这些毕业生于 1973 年返回麻省理工学院，就他们的职业和生活接受面谈和调查。施恩教授根据调查结果，提出了职业锚的概念。施恩说："设计这个概念是为了解释当我们在更多的生活经验的基础上发展了更深入的自我洞察时，我们的生命中成长得更加稳定的部分。"他在 1978 年出版了《职业动力学》，意在将个人与组织相匹配，而不是和职业相匹配。他将"职业生涯锚"定义为"一些持久的自我感知到的，与职业相关的才能、动机和价值观"。

职业锚，实际就是职业选择和发展过程中所围绕的核心，是指当一个人不得不做出选择的时候，他无论如何都不会放弃的职业中那种至关重要的东西或价值观，即使个体从事的职业是多变的，"锚"也为个体提供了未来的方向和目标。

职业锚强调个人能力、动机和价值观与组织制度、管理和奖励的匹配，职业锚在员工的职业生涯过程中，在组织的事业发展中，都发挥着重要的作用。员工依据自己的能力、动机和价值观，确定长期的职业定位或职业贡献区，组织清楚了员工的职业追求与抱负，获得了员工正确信息的反馈，有针对性地为员工的职业发展设置可行、有效和顺畅的职业通道。同时，员工职业技能的不断增强，直接推动着工作效率的提高或生产效益的增加。

最初，施恩教授将职业锚划分为五种类型，即技术职能型职业锚、管理能力型职业锚、自主型职业锚、安全型职业锚和创业型职业锚。20 世纪 90 年代，施恩教授将职业锚改为八种类型，分别是技术 / 职能型职业锚、管理型职业锚、自主 / 独立型职业锚、安全 / 稳定型职业锚、创业型职业锚、服务型职业锚、挑战型职业锚和生活型职业锚。

①技术 / 职能型职业锚。技术 / 职能型的人注重个人专业技能的提升，追求在技术 / 职能领域的不断发展以及应用自身技术 / 职能的机会。他们的成功更多地取决于该领域专家的认可和不断承担的富有挑战性的工作。一般情况下，他们只坚持在自身能力区域内的提升，并不谋求在区域外的发展。虽然不拒绝对某方面的职能管理，但是一般不喜欢全面管理工作，因为可能会影响他们在技术 / 职能领域的成就。技术 / 职能型的人分布在许多领域，如工程师非常擅长设计，销售人员具有独特的销售技能，金融分析师则专注于解决复杂的投资问题。

②管理型职业锚。管理型的人具有较强的升迁动机，将晋升、等级和收入作为衡量成功的标准。他们追逐的目标是承担单纯的管理责任并且责任越大越好，能够将分析能力、人际关系协调能力和情感洞察能力综合加以运用。他们对组织具有依赖性，依靠组织提供的工作岗位，获得更大的责任以展示其高水平的管理能力。管理型人才的认同感和成就感均来自其所在组织，所以他们将个人命运与组织命运紧紧相连。

③自主 / 独立型职业锚。自主 / 独立型的人将自主视为选择职业时的第一需要，他们希望最大限度地摆脱组织的约束，能够自主安排自己的工作方式和生活方式。他们追求自由且能够施展个人能力的工作环境，把工作成果与个人努力紧密连接；在享有更多的自由时，职业认同感更强；面对提升与自由的选择时，宁愿放弃前者，也不愿意放弃自由与独立。

④安全 / 稳定型职业锚。安全 / 稳定型的人追求职业的安全和稳定，安全稳定的取向主要表现为职业的安全稳定和情感的安全稳定。他们根据组织的要求行事，以获得工作安全，如具有稳定的收入、退休金和退休计划。情感上的安全稳定包括诚信、忠诚和依赖，一般不愿意离开现有组织，依赖组织来识别他们的需要和能力，相信组织会根据他们的情况做出可能的最佳安排。

⑤创业型职业锚。创业型的人要求有自主权、管理权，并且能施展自己的创新才能，他们的主要动机和价值观是创造，希望凭借自己的能力去创建公司或创造产品和服务，愿意承担失败的风险，以坚持不懈、百折不挠的精神克服面临的种种困难。现在，他们可能正在别人的公司工作，在工作中不断学习并评估将来的创业机会，未来一旦时机成熟，便会开创自己的事业。

⑥服务型职业锚。服务型的人一直追寻帮助他人的机会，坚持自身认可的核心价值，如保障人们的安全、通过新产品消除疾病等，即使这意味着变换组织、转换职业，他们也不会接受不允许他们实现这种价值的职业。

⑦挑战型职业锚。挑战型的人从事职业的原因是工作允许他们去战胜各种不可能。他们的终极目标是新奇、变化和挑战，他们喜欢解决看上去无法解决的问题、战胜强大的对手和克服似乎无法克服的困难。对他们而言，如果事情被认为非常容易，就会马上变得让他们厌烦。

⑧生活型职业锚。生活型的人追求能够满足其平衡个人需要、家庭需要和职业需要的工作环境，他们将成功定义为比职业成功更为广泛的成功，认为自己在哪里生活、如何生活、如何处理家庭事务以及在组织中的发展道路是与众不同的。他们追求的目标是将生活的各个主要方面整合为一个整体。因此，他们需要一个充满弹性的、可以实现这一目标的职业环境，为了实现目标，他们甚至可以牺牲职业的某些方面，如晋升带来的职业转换。

在职业锚理论中，个人能力、工作动机和工作价值观更加具体、明确，该理论强调了三者之间的互动关系，对于个人发展和组织管理都有重要作用。但是，八种类型的职业锚并不能涵盖所有职业类型，同时在个体职业生涯发展的早期可能是几种类型的混合。这一理论为个体的职业生涯规划提供了组织管理的视角，同时也为组织对员工的职业生涯管理实践提供了理论基础。

二、职业生涯决策理论

职业生涯决策理论，是指当一个人在面对职业生涯中重大问题的抉择时，所做的选择尽量能够获得最大收益或最高满意度。随着职业辅导的深化，人们越来越认识到职业生涯决策的重要性，在目前这个快速变化的社会中，帮助个人"一世适应"要比帮他做出某个特定的"一时选择"来说更有意义。所以，决策的过程是职业生涯发展中的重要环节。职业生涯决策理论强调进行职业决策的过程，探讨影响职业决策的因素，强调社会环境的影响作用，强调对自我的理解与观察，主要有认知信息加工理论、社会学习理论和社会认知生涯理论。

（一）认知信息加工理论

1991年，罗伯特·里尔登、詹姆斯·桑普森和盖瑞·彼得森合著了《生涯发展和服务：一种认知的方法》一书，建立了生涯信息处理过程模型，被称为认知信息加工理论（简称CIP），"认知"即"知识的获得"。认知的信息加工，涉及对知识的获得、转换和存储、使用。这一理论阐述了人如何做出生涯决策以及在解决生涯问题和生涯选择过程中如何使用信息，它强调学生可以"掌握个人、就业相关技能和信息"。认知信息加工理论基于的基本假设有七个：个体的思考和感受是生涯选择的基础；生涯选择是一种解决问题的活动；生涯问题解决者的能力取决于知识掌握和认知操作；生涯问题的解决是一项记忆负担繁重的任务；生涯决策要求个体有动机；生涯发展包括知识结构的持续发展和变化；生涯成熟取决于一个人解决生涯问题的能力。在认知信息加工理论中，生涯决策的过程由信息加工金字塔模型来表示，如图1-1所示。

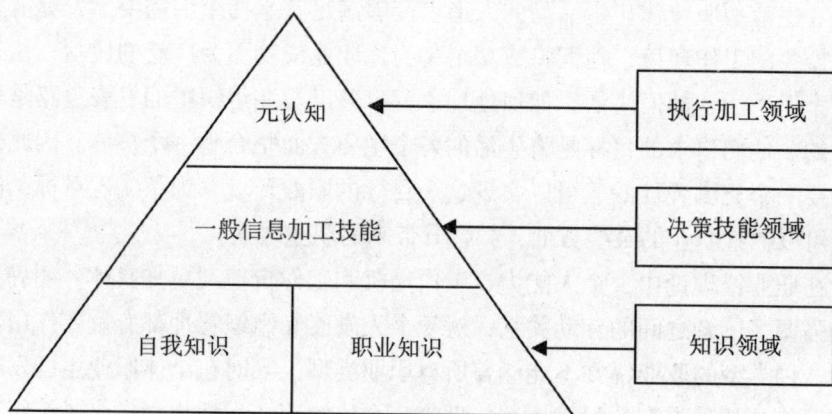

图1-1　认知信息加工模型图

下面的一层称为"知识领域"，包括自我知识（对自我的了解）和职业知识（对环境的了解），其中自我知识包含个人的兴趣、技能、性格和价值观等，而职业知识则包含具体的职业、大学专业、行业知识和组织环境等，自我知识和职业知识就像存储在计算机中的数据文件，统称为"生涯知识"。中间一层是决策技能领域，就像计算机程序软件一样，个体使用这种程序来处理和加工信息以做出生涯决策。上面一层是元认知的执行加工领域，控制和调整下面层次中的决策，就像计算机的工作控制功能一样，操纵计算机按指令的顺序执行程序文件。元认知为个体提供决策优先顺序的框架，在这一框架下人们做出一系列的决策。

中间一层的决策技能领域尤为重要，"一般信息加工技能"用"CASVE"五个字母来概括，分别代表在进行决策的过程中不断循环往复使用的五种技能，即沟通（Communication）、分析（Analysis）、综合（Synthesis）、评估（Valuing）和执行（Execution）。"沟通"包括外部沟通和内部沟通，以此确定个人现状和理想状态之间的落差；"分析"指的是针对落差收集个人和环境两方面的信息，对这些信息进行比较和分析，找出相互联系的问题；"综合"是找到问题的可选方案并创造可能的选择，进行信息处理，通过减少方案的数量，使问题得以简化；"评估"指的是根据个人的价值观思考各种方案，对各种方案进行排序，选择最佳方案，同时树立执行方案的决心；"执行"是确定完成目标的一系列符合逻辑的步骤，通过不断尝试和努力以获得相关经历。

认知信息加工理论是一种帮助个体学会解决生涯问题和进行生涯决策的简单而有效的理论，利用这一理论学生可以对照检查一下自己的信息加工金字塔是什么样子的，哪一个领域比较强大，而哪一个领域比较薄弱，思维方式是积极的还是消极的。

（二）社会学习理论

社会学习理论由班杜拉于20世纪70年代提出，强调的是个人独特的学习经验对其人格与行为的影响。克朗伯兹将这一观念引用到职业生涯辅导上，用以了解在个人决策过程中，社会、遗传与个人因素对决策的影响。在此基础上，他提出了影响职业选择的四个因素，其后又提出了职业生涯决策的七个步骤。

1. 影响职业选择的四个因素

①遗传因素与特殊能力。遗传因素包括种族、性别、外在的仪表和特征、身体健康程度等，个人的特殊能力包括职业偏好、智力、音乐能力、美术能力、动作协调能力等。

②环境条件与特殊事件。克朗伯兹认为，在影响教育和职业的众多因素中，有许多来自外部环境，非个人所能控制。这些外部因素大多由人为所致（如社会、文化、政治或经济的活动），也可能由自然力量引起（如自然资源的分布或天然灾害）。具体包括：工作机会的数量和性质；训练机会的多寡和性质；职业选择训练人员和工作人员的社会政策；不同职业的投资报酬率；政府劳动法规以及行业协会规定；物理环境的影响，如地震、洪水、干旱、台风等；自然资源的开发；技术创新发展；社会组织的变化；家庭的影响；教育系统和社区的影响等。

③学习经验。克朗伯兹认为，每个人独特的学习经验，在决定其生涯路径时扮演着重要的角色。学习经验包括人作用于环境的经验和环境作用于人的经验两种。

④工作取向技能。前面提到的各种因素，如遗传因素、特殊能力、社会上的各种影响因素以及不同的学习经验等，会以一种交互影响的方式使个人形成特有的工作取向技能，这些工作取向技能包括解决问题的能力、工作习惯、工

作的标准与价值、情绪反应、知觉和认知的历程（如选择、注意、保留、符号知觉等心理过程）等。

2. 职业生涯决策的七个步骤

1977年，克朗伯兹用社会学习理论对职业生涯决策技巧的作用进行研究，提出了进行职业生涯决策的七个步骤：①界定问题。理清自己的需求及时间或个人限制，并制定出明确的目标。②拟订行动计划。思考可以完成目标的行动方案，并规划完成目标的流程。③澄清价值。界定个人的选择标准，作为评价各个方案的依据。④找出可能的选择。收集资料，论证可行的方法。⑤评价各种有可能的选择。依据自己的标准，对各种可能的选择方案进行评价。⑥系统地删除。系统地删除不合适的方案，挑选最合适的方案。⑦执行方案。方案确定之后开始实施。

克朗伯兹的理论是以社会学习的观点来解释人类生涯选择的行为，特别强调社会影响因素和学习经验，对实际的生涯辅导工作提供了不少方法和启示，具有较高的实用价值。不过，该理论试图解释个人的教育与职业爱好和技能如何形成，以及这些爱好和技能如何影响个人对各种课程、职业和工作领域的选择，但由于其作用机制相当复杂，只能说是为探讨开了个头，尚有许多有待完善之处。

（三）社会认知生涯理论

社会认知生涯理论（简称SCCT），是由哈克特、莱特和布朗借鉴班杜拉的社会学习理论而提出的。SCCT强调在个人职业发展中起作用的自我效能感、结果期望和个人目标这三个变量之间的相互影响。"自我效能感"是一个人对自己完成特定行动或活动所持有的信念。这种信念是经由社会学习理论中的各种学习形式而获得的，这种相信自己有能力完成特定工作的信念，很大程度上会影响一个人的职业生涯接近或远离这些工作；自我效能感低的人，很难找到合适的工作机会。"结果期望"是一个人遵循行动方向，对于将要发生的事可能产生的结果的期望。"个人目标"是一个人从事特定活动或得到一定结果的意图。

SCCT包含三个子系统，在每一个子系统中，上述三个核心变量与个人因素、环境因素和学习经验共同影响着职业选择和发展过程，这三个子系统为：①职业兴趣系统。个体认为自己乐于并擅长从事某种职业，或预期从事该职业将带来满意的回报，就会形成对该职业的兴趣并坚持下来。职业兴趣形成后，与自我效能感和结果期望一起，促使个人产生目标，目标又将促成行动并使个人取得一定的绩效和成就，绩效和成就通过学习经验反作用于自我效能感和结果期望，形成一个动态的反馈环路。②职业选择系统。在职业选择模式中包括三个阶段，第一个阶段是初步形成职业目标，第二个阶段是采取行动以实现目标，第三个阶段是获得绩效和成就。职业选择是一个双向的、开放的过程，会受到多种因素的影响，而且有多个选择点。职业选择常常但并不总是与职业兴趣有关，自我效能感和结果期望也会直接影响目标选择和行动选择。③工作绩效系统。工作绩效取决于个人的能力、自我效能感、结果期望以及绩效目标之间的交互作用。能力不仅直接影响绩效和成就，而且通过塑造自我效能感和结果期望发挥间接的作用。工作绩效也提供一个反馈环路，反作用于自我效能感和结果期望。自我效能感并不是越高越好，只有当它稍稍高于实际能力水平时，才会充分发挥现有技能并促进未来的技能发展。

社会认知生涯理论强调兴趣决定目标，目标导致行动，行动产生绩效，自我效能感和结果期望在整个过程中的每一个阶段都持续影响着个体，与个人和环境因素有关的变量在每个阶段也都影响着发展进程。由于不准确的自我效能感或结果期望，有时人们会排除掉一些潜在可行的职业选择，社会认知生涯理论帮助人们通过重新了解被排除掉的选择及其原因，进一步明确自己的兴趣、价值观及技能，从而扩大潜在的选择范围。通过这一理论我们要坚信能力和兴趣都是可以通过学习得到的，是会随着经验的丰富而变化、扩展的，要用开放的心态去体验，发现新的兴趣点。

三、职业生涯发展理论

职业生涯发展理论强调的是个体在不同的职业发展阶段存在不同的职业需要及追求的方向和方式。其理论前提是人生不可能只从事一种职业，个体的成功也不一定是在某一个稳定的职业中实现的，更多的是在职业流动中实现的。因此，只有充分了解人在整个职业生涯中不同阶段的特点和规律，才能更好地规划人生。

职业选择不是个人择业时才面临的单一事件，对职业的态度和要求也不是面临择业时才有的，职业选择的萌芽从童年时期就开始孕育，职业发展可以划分为既相互区别又相互联系的几个阶段，每个阶段都有不同的特点和特定的职业发展任务。职业生涯发展理论的代表人物是美国心理学家唐纳德·E.舒伯，该理论基于的基本假设有四个：①人们在生命中扮演多种社会角色。工作角色聚焦于职业，一系列工作角色构成的职业生涯只是更广泛的生活空间的一部分，人们的生活中还包括许多其他角色；不同的职业生涯模式受到社会结构和个人特征两方面的影响。②人们在职业特征上普遍存在个体差异，每种职业都要求具备不同的职业特征。在工作中人们寻求具备这些特征的突破口，人们的满意感取决于职业自我概念实现的程度；职业自我概念基于人们扮演相应角色时的行动以及对从他人那里获得评价的观察，是遗传性向、体能状况、观察和扮演不同角色的机会、评估角色扮演、与人互相学习等交互作用的产物。③职业生涯发展过程可以划分为成长、探索、建立、维持、退出五个阶段。其中，探索阶段可以细分为试探期、转换期、试验期；建立阶段可以细分为建立期、晋升期。在接受教育、从事职业的过程中，职业自我概念得以建立并随着时间的推移而不断发生变化，并伴随个人职业生涯周期的各个阶段而逐步稳定和成熟，在生涯选择与适应上持续发挥影响力。④生涯成熟的核心是指在不同阶段取得的进步，职业生涯适应性是指应对职业发展中突发和已知事件的准备度。以上基本假设，涵盖了舒伯职业生涯发展理论的主要理念，即生涯角色、生涯模式、生涯发展阶段、生涯成熟等，贯穿这些理念最核心的主轴是自我概念。

（一）生涯角色理论

舒伯认为人在一生中要扮演许许多多的角色，就如同一条彩虹同时具有许多色彩，因此，他用"生涯彩虹图"来表示一个人一生中扮演的主要角色。彩虹的外围是环境决定因素，如社会经济因素、社会结构等；彩虹的内部是影响职业生涯行为的个人决定因素，如态度、能力和兴趣等。

彩虹图以年龄为标准划分出职业生涯发展的五个阶段，彩虹的色带代表不同的生涯角色。舒伯认为一个人在一生中要扮演九种工作和非工作角色，分别是子女、学生、休闲者、公民、工作者、夫妻、家长、父母和退休者。"退休者"未列入彩虹图，夫妻、家长和父母三个角色并入"持家者"中，所以彩虹图中呈现的是六种主要角色，这些角色活跃于家庭、社区、学校和工作场所。不同角色之间的相互作用，创造出个人独特的生涯模式。一个角色的成功，特别是早期角色的成功，将会为其他角色提供良好的基础；反之，某一个角色的失败，也可能导致另一个角色的失败。舒伯进一步指出，为了某一角色的成功付出太大的代价，也有可能导致其他角色的失败。

在职业生涯发展的每个阶段都有角色凸显出来，舒伯将其称为"显著角色"，显著角色除了受年龄及社会期望的影响外，还与个人在角色上投入的时间和情感有关。在发展阶段内，彩虹的色带越厚，表示投入这一角色的精力越多，这个角色在这一阶段就越重要。例如，成长阶段（0～14岁）的显著角色是子女和学生；探索阶段（15～24岁）的显著角色是学生；建立阶段（25～44岁）的显著角色先是工作者，紧接着是持家者；维持阶段（45岁左右），持家者角色突出，而工作者角色中断，休闲者与公民的角色也逐渐增加，这正是一般所说"中年危机"的出现，同时暗示这时必须再学习、再调适，才能处理好角色之间的冲突。通过各个阶段显著角色的组合，呈现出工作、家庭、学习、休闲、社会活动等在不同的发展阶段对一个人的重要程度，以及对个人而言具有的特殊意义。

（二）生涯发展阶段理论

舒伯将职业生涯发展划分为五个阶段，这些阶段的核心是促使个体与工作角色之间能够不断地进行相互作用。个体通过扮演社会创造的一系列工作角色来实现"自我概念"，但是不同阶段有不同的特征与发展任务，需要个体承担起相应的发展责任。发展任务受两个因素的影响，一是个体生理与社会发展的程度，二是社会期待必须达到的程度。

第四节　职业生涯规划与人生发展的关系

一、职业生涯规划的意义

（一）在经济发展建设中的作用

人类社会跨入21世纪，我国进入全面建设小康社会，加快推进社会主义现代化的发展阶段，国际形势发生了深刻变化，世界多极化和经济全球化在曲折中发展，科技进步日新月异，综合国力竞争日趋激烈。在这个大背景下，人才竞争是第一位的，而大学生是人才的重要组成部分，他们用什么指导思想来规划自己的职业是关系到全面建设小康社会的奋斗目标能否实现的大问题。从国家的层面来看，是关系到培养什么样的人、由什么样的人参与国际一体化竞争的问题。时代在前进，世界各国的联系也越来越紧密，行业发展充满了各种各样的变数。有些人能够迅速崛起，这与其对行业发展所做出的积极响应是分不开的。没有计划，就无法应对变化。因此，应该做好职业生涯规划，为经济发展建设做出贡献。

（二）在精神文明发展建设中的作用

当今世界物质文明、精神文明发展很快，大学生必须始终保持与时俱进的精神状态，这就要求大学生要站在时代的高度看待职业生涯规划这个问题。每个人的生涯发展规划都打上了时代的烙印。在今天，用什么观念来指导自己进行职业生涯规划，值得每一个大学生深思，但有一点是肯定的，就是大学生的职业生涯规划必须符合社会主义精神文明发展的方向，并为社会发展贡献力量。

（三）在个人人生中的作用

职业生涯规划能够帮助一个人确定自己的职业目标和努力方向。没有目标的人生注定不会是成功的人生。如果要实现某一个目标，必须要把它具体化。而职业规划就是一个可执行性非常强的具体策略。进行职业生涯规划可以认真检视自己的兴趣、爱好，自己的职业倾向，树立客观、科学的人生目标。一旦有了目标，一个人也就有了前进的方向，就会为目标的实现投入精力和时间，不断努力去获得成功。

1. 职业生涯规划能够调动一个人的积极性和主动性

当前就业竞争压力非常大，不少人找工作时经常不知所措，不知道该选择什么样的工作，面对一些就业机会的时候又不知道是不是最优选择。这些人没有自己的人生目标，不知道自己下一步怎么走。进行职业生涯规划之后，就会明白自己想要什么，自己应该怎么做，从而积极主动地汲取知识、提高能力。只要能够严格按照自己的职业生涯规划生活、学习，毕业时就不会迷茫、困惑，同时也会以更充分的就业准备迎接就业竞争。

2. 职业生涯规划有助于激发个人潜能

"尺有所短，寸有所长"，每个人都有不同于他人的优势所在。如果学生在大学期间没有目标地生活，会错过很多发现自身优势、长处和潜能的机会。进行职业生涯规划之后，学生会在努力过程中不断发现自身的优点，从而激发潜能。充分利用这种优势，可使之成为自己提升就业能力、增强就业竞争力的法宝。

3. 职业生涯规划有助于促进人职匹配、人职和谐

职业生涯规划能够帮助大学生明确奋斗目标和努力方向，在选择职业时会更加有的放矢，清楚自身特长、清楚职位要求以及行业发展。把个人发展与用人单位发展相结合，使职位与个人相匹配，提高工作的满意度，能够使个人更加踏实地工作，从而达到人职和谐。

4.职业生涯规划可以把个人、家庭和事业更好地统一

职业生涯不是一个孤立的领域，它与个人一生所经历的各项事情相联系。良好的职业生涯规划不仅能使人们考虑到个人职业的发展，取得事业上的成功，还会促使人们更加合理地利用工作之外的时间发展个人爱好和特长以及兼顾家庭，使三者和谐统一，而不是顾此失彼。

二、职业生涯规划对大学生的重要性

制订科学合理的职业生涯规划是每个在校大学生就业前的必要准备工作，也是每个大学生职业生涯发展过程中的必然要求。面对越来越严峻的就业形势，如果大学生希望在毕业时能有较好的职业选择，远离"毕业即失业"的紧箍咒，在未来的职业生涯中实现自我价值，就应该及早确定职业发展方向，及时进行职业生涯规划，制订出切实可行的具体实施方案并适时评估调整。规划做得越早，离成功就越近。职业生涯规划有助于全面提升大学生的综合素质，避免升学后因目标缺失而导致的自由散漫和不合理的时间支配，降低学习的盲目性和被动性；职业生涯规划对大学生具有内在激励作用，可以让大学生在职业探索、职业选择和发展中少走弯路，减少挫折，节省时间和精力。

（一）提高大学生对人生资源的驾驭能力

资源是人生成功的关键。人一生拥有无数资源，既有先天获得的资源，又有后天积累的资源；既有内部资源，又有外部资源；既有物质形态的资源，又有精神形态的资源。人生发展的过程，就是一个不断挖掘、积累并合理利用这些资源的过程。个人尽可能地占有、驾驭自己所需要的人生资源，并将不同的人生资源进行合理的整合与规划，既是人生成功的重要标志，又是个体必备的一种人生驾驭能力。大学期间正是学生锻炼、培养这种能力的关键时期。

首先，职业生涯规划可以帮助大学生积累人生发展的必备资源。这些资源主要包括健康的身体、优良的思想道德品质、合理的知识结构、协调的人际关系以及良好的社会适应能力等。其次，及时、有效的职业生涯规划能够培养大学生对这些资源的驾驭能力。例如，通过对职业尝试性的定位与选择，反思自己的人生理想和人生态度，树立科学的人生观、价值观，为未来的人生发展指明方向；通过对个人的评估及对就业形势的分析，培养自己有选择、有目的地完善知识结构的能力；在职业生涯规划的实施过程中，通过协调各种人际关系，锻炼自己获取人际支持的能力，通过参加各类实践活动培养自己在未来人生发展中的分析、观察及创造能力等。

（二）大学生成功就业的必然趋势

职业对大多数人来说都是生活的重要组成部分。但是，职业既不像家庭那样是我们出生后固有的独特的社会单位，也不像货架上的商品那样可以供我们随意挑选。它更像一位朋友或一位合作伙伴一样，既存在，又不一定在眼前。与其结识需要机缘，但更需要自我的设计和自我的奋斗。

21世纪是科学技术迅速发展，社会急剧变化的时代。科技成果在19世纪约每50年增加一倍，在20世纪则是约每20年增加一倍，在20世纪末发展为每3～5年增加一倍。到了21世纪，科技创新在不同领域不断融合，知识的数量和价值已难以用时间来估算。处在21世纪中的每一个人，都要不断学习新的知识和技术，不断提高自己的职业适应力。面对严峻的就业形势和为自身职业理想考虑，大学生有必要按照职业生涯规划理论加强对自身的认识与了解，找出自己感兴趣的领域，确定自己能做的工作，即优势所在，其中最重要的是明确自我人生定位。

在市场经济条件下，招聘者越来越重视员工的主动性和创造性，他们更喜欢有实力的人才。物竞天择，适者生存，要想在激烈的竞争中脱颖而出，就必须规划好自己的职业生涯。好的工作不仅受学校知名度、专业与社会需求以及学生自身等因素的影响，更与学生的个人素质、就业能力和就业技巧等有关。只有未雨绸缪，才能在变化的职业世界中更具竞争力，为人生发展积累更多的资本，把握职业成功的机遇。

大学生没有职业规划，也给用人单位带来诸多无奈。有的企业反映，刚毕业的大学生来了以后不能让人满意，这主要是因为刚毕业的大学生一方面缺乏专业技能，另一方面也缺少职业精神。每个大学生都渴望成功，但很多人并不知道什么职业最适合自己，不知道怎样为自己的职业生涯做好规划设计。事实表明，大学生毕业后无目的、无规划地盲目就业，将影响他们的长远发展。

（三）促使大学生成功实现自我

美国心理学家马斯洛指出，人的需求从低级向高级层次推进，人生最高层次的需要是实现自我的需要。人生的成功只能在有限的时间内、特定的职业中谋求，不同的职业生涯规划决定了不同的人生。因此，及早进行职业生涯规划是大学生实现自我的有效途径。

大学生对自身的认识是不断深化的，其自身素质也在不断提高，同时周围的环境也在变化，这种变化要求大学生在进行职业生涯规划的过程中不断对自身、对职业定位进行合理调整，保持职业规划计划性和动态性的有机统一，这必将提高职业生涯规划的针对性和有效性，从而使大学生在进行职业选择时少一点挫折，多一点成功，更好、更快地实现自我。大学生制订职业生涯规划，有利于自我定位和了解自我，明确自己的方向，明确自己的人生目标。一份行之有效的职业生涯规划将会引导大学生正确认识自身的个性特质、现有与潜在的资源优势，帮助大学生重新对自己的价值进行定位并使其持续增值；引导大学生对自己的综合优势与劣势进行对比分析，使大学生树立明确的职业发展目标与职业理想；引导大学生评估个人目标与现实之间的差距；引导大学生搜索或发现新的或有潜力的职业机会，使大学生学会如何运用科学的方法，采取可行的步骤与措施，不断增强自己的职业竞争力，实现自己的职业目标与理想。因此，大学生及早制订属于自己的职业生涯规划是十分必要的。

第二章 大学生的就业形势与就业前景

就业是大学生走向社会的开始，是独立生活的第一步，在迈出第一步的过程中会遇到许多问题和障碍。因此，对于大学生来说，必须正确认识就业形势，以便能清醒地看到就业形势的严峻与紧迫，提高竞争意识，在大学学习期间进一步提升自身能力。本章分为大学生的就业形势和大学生的就业前景两部分，主要内容包括大学生就业面临的挑战、大众化时代大学生就业形势、大学生就业前景分析、解决大学生就业难的对策等。

第一节 大学生的就业形势

一、大学生就业面临的挑战

（一）传统的就业主渠道接收能力下降

国有企业目前依然处于转型改制、减负增效的改革过程中，生产经营尚未完全走出困境，很难提供更多的就业机会。同时，多数单位在改革中实行各种承包任期制、经费包干制，接收大学毕业生的积极性不高。事业单位目前也大都在改革，其人员编制都在压缩，许多单位在用人上只出不进。在这种背景下，传统就业主渠道的吸纳能力下降，不可能接收大量毕业生就业。

（二）部分单位对毕业生学历层次的要求越来越高

目前，我国中高层次的人才严重短缺，社会对高层次复合型、外向型和开拓型人才的需求日益迫切，人才结构的需求层次呈现上移趋势。高校、科研单位、机关、大公司基本以接收硕士生、博士生为主，甚至一些中小型单位都开始希望接收研究生。这种现象让不少用人单位产生了"人才高消费"的错误观念，盲目追求高学历人才，人为地造成了就业难现象。

（三）毕业生的能力素质与用人单位的要求存在较大差距

现在用人单位对高校毕业生的敬业精神、职业道德、思想道德和能力水平等都提出了明确要求，但毕业生与用人单位的要求存在较大差距，而不少用人单位对接收毕业生采取"宁缺毋滥"的态度，造成了毕业生有业而不能就的问题。学生干部和学生党员及那些综合素质高、动手能力强、敬业精神好、有各种特长的毕业生越来越受用人单位的欢迎。

（四）毕业生的就业期望值与社会需求之间存在巨大反差

一方面是就业难，另一方面是用工荒。究其原因是许多毕业生的职业定位不清晰，盲目地跟从他人。目前，我国高等教育的毛入学率已达"大众化"水平，而毕业生的择业观仍停留在原有的高等教育"精英化"阶段，对就业平台要求太高。此外，部分学生是委培生、定向生，享受国家的相关优惠政策，但到了毕业之际，又以各种理由拒绝按原定计划和需求就业，这一问题在个别偏远地区和艰苦行业尤为突出。

（五）高等教育改革还不能完全适应市场经济发展的需要

目前，高校改革的速度和力度远远跟不上社会发展的需要。高校的专业设置、学科结构、毕业生的学历层次和知识结构，还没有根据经济社会发展的需要及时调整，特别是在招生、培养、就业等方面面临着许多亟待解决的问题。高等教育在社会发展过程中，同时具有超前性和滞后性，招生录取并培养四年是高等教育的超前性，但几年后学生毕业时却又常常会发现所学专业已落后于市场的发展和变化，这就是高等教育的滞后性。在近些年具体表现为：有些专业的毕业生属于社会发展大量需要的，但是高校招生计划未能及时调整，致使这些专业的毕业生总是处于供不应求的状态；相反，一些专业已经成为鸡肋专业，但高校并未缩减招生人数，致使这些专业的毕业生在就业时面临极大的困难。随着毕业生就业市场发展改革的不断深化，高校面临着如何根据社会发展变化而进行专业设置调整等一系列问题。

（六）社会对于毕业生的需求存在结构性矛盾

简单来说，就是毕业生就业时存在"需而不求"的矛盾。目前，我国部分行业如林业、地质及部分农业，由于科技落后、经费不足，致使各方面人才都比较欠缺；与此同时，又没有优惠的条件去接收这些专业的毕业生，这就是"需而不求"的一种表现。而旅游、司法等行业都处于快速发展阶段，从业人员的素质、能力水平参差不齐，急需补充优秀人才，但由于编制有限，没有余地接收更多具有专业知识的毕业生，这是"需而不求"的另一种表现。此外，如环境保护、环境监测、安全工程等行业，本来就属于被高度重视并积极建设的行业，但由于一些单位领导不重视这方面的工作，资金投入不足，机构设置不合理，编制不足，致使原本就薄弱落后的行业发展得比较缓慢，从而使这些专业的毕业生的就业变得更为困难。

二、大学生就业难的原因

（一）观念原因

一个人的观念会直接决定一个人的行为，而社会的观念会直接引导一个人的行为。大学生的就业形势如此严峻，与个人观念和社会观念是密不可分的。

1. 个人观念

现在的很多大学生都有眼高手低的心态。目前整个就业市场是供过于求的状态，但从大范围来说，找工作不是一件很难的事情。然而，很多大学生都抱着"我一个大学毕业的人，怎么才那么点工资？而且工作那么累"诸如此类的想法。现在的市场处于经济复苏阶段，相应的高薪岗位人员需求有限，而每年毕业的大学生数量如此之大，当然有很多毕业生就找不到高薪工作了。况且，在能力和学历以及经历上，大学生相较于研究生、博士生、职业人员等都未必占有优势，如此能够在毕业时得到高薪的人就更少了。

在当前严峻的就业形势下，如果一直纠结于自己是名牌大学高才生，未必找得到工作。尤其是自以为是的毕业生，总想着只有高薪的公司才配得上自己的那张文凭和那些证书，往往就会在这上面摔跟头。

2. 社会观念

除了个人观念以外，大学生就业还受社会观念的影响。这一点比较玄妙，一方面，社会上很多公司对文凭的形式化需求促使更多的人进入高等院校进修；但另一方面，这些公司又对工作经验有要求，导致大量没有经验、空有文凭的大学生成为待业人群。另外，还有很多人看到国家体制内的工作待遇好又稳定，就一心想要考进去，这一点从近年来越来越多人报考公务员就可以看出来。但越是体制内的工作，对人员要求越是严苛，被淘汰的大学生数不胜数。

等这些人回过头来找工作的时候，发现那些一早就开始奔赴各种招聘会的同学大都找到了满意的工作，自己却还不知道往哪个方向去。

（二）外部原因

1. 教育体制方面

高校扩招虽然减轻了学生的高考压力，但其负面影响也不小，不仅拉低了高校教育的整体水平和素质，还造成了日渐严重的大学生毕业后就业难的问题。此外，由于在教育体制内，高校分成各种等级，直接加深了社会企业对于文凭的苛求程度，有很多甚至直接表示要"985"或"211"的毕业生。专门性高校要变成综合大学，一定要专业齐全，很多理科出身的大学文学院出来的学生，完全没有市场，面试时还可能遭到质疑。而且越来越多、越来越细的院系划分，使很多市场已经饱和了的专业仍然在不断招收新生，导致毕业生在自己专业方面找不到工作，不是自己专业方面的能力水平又不够，要想找到工作很困难。

2. 国家政策方面

尽管近年来国家对引导大学生就业越来越重视，但由于国家政策引导还不够，很多大学毕业生对贫困地区唯恐避之不及，以至于西部等地区缺乏人才，而很多大学生却在沿海等地工作。随着西部大开发的力度加大，有些大学生在国家良好的政策补助之下，也开始将目光转向这些地区。

（三）大学生自身的原因

1. 知识转化率低

把知识转化为高效地创造生产力的能力，才是当今社会对高学历人才的真正要求。然而，据统计，应届大学生到岗工作，对所学专业知识的实际应用率不足 40%，而且多数学生表现出所学过的知识根本无法转化成在岗实际能力的情况。我国大学生进入社会的一般适应周期为 1～1.5 年，即 1～1.5 年才能独立完成工作，由此可以看出，当今一些大学毕业生缺乏一定的工作适应能力和自我调节能力。

2. 就业理念落后

大学生的就业理念受各种社会价值取向的影响，其就业理念主要存在四大误区：①"宁愿出国带光环，不在国内做职员"。据不完全统计，我国部分重点院校许多学生毕业后首选出国，不考虑家庭承受力的大小和自己所学的专业是否适合等因素，结果"海归"变成"海待"。②"宁到外企做职员，不到中小企业做骨干"。我国就业市场反映，人才需求最大的是中小企业。中小企业具有发展空间大、平台广阔、体制机制不断创新等优势。大学生到中小企业工作，更能体现自己的价值，更能发挥自己的作用，更能激发自己的潜能，有利于自己的职业发展，易产生成就感。然而，一些大学生更热衷于外资企业，不愿待在我国的中小企业。③"创业不如就业"。多数大学生认为，创业艰难，创业不如就业。只有少数大学生认为就业找饭碗不如创业谋发展，积极准备创业。④"就业难不如再考研"。一些大学生找工作总落实不了工作单位，或者对找到的工作单位不满意，就选择了继续读书，考取研究生继续深造。

3. 价值判断盲目

在求职择业过程中，不少大学生对自身定位不清，价值判断盲目，存在攀比、求高、自卑等心理。一些大学生在攀比心理的影响下，即使某一单位非常适合自身发展，但因某个方面和自己同学选择的就业单位存在些许差别，就放弃就业机会，导致事后后悔不已。

另外，单向考虑自己的择业就业理想，要求用人单位各个方面都十全十美，从工资、福利待遇、住房、地理位置到工作环境等无不在其考虑之中。这种因定位不合理而产生高期望值的盲目求高心理，往往使自己与适合的用人单位失之交臂，出现人们常说的"高不成低不就"的情况。而自卑心理往往使毕业生没有信心和勇气面对求才若渴的用人单位，甚至把自身的长处也退化成了短处，从而严重影响自己的就业与择业。

4. 没有做好职业规划

很多大学生到了大四才开始做就业的各项准备工作，结果各项准备工作都做得不细致、不扎实。去企业应聘时，有些大学生更是一问三不知，对应聘企业的业务没有一点了解。这种情况导致企业对大学生失去信心，认为大学生只会读书，没有一点实际能力，不愿意招聘大学生。究其原因，是因为大学生没有进行职业规划，没有尽早为就业做好准备。所以大学生必须做好职业规划，同时要认真实施职业规划。

三、大学生就业现状的多角度分析

（一）就业市场需求的变化

21世纪是一个知识爆炸的时代，人才竞争日趋激烈，用人单位也不再只用陈旧的评判标准来选择人才。新的人才评判标准和评判规则逐渐形成，如在对人才进行判定时，逐步从学历判断、能力判断，发展为对其品行取向的判断，不再仅把学习成绩看作评判人才的唯一标准。在过去，企事业单位对人才进行面试选择时，会看重应聘人员的学习成绩、科研素质等。现在，很多用人单位更加看重高校毕业生的团队合作精神、与人沟通的能力、处理事情的能力等个人素质。学习成绩好的学生很大一部分在其他方面能力欠佳，而具有良好沟通能力、实践能力的学生又通常忙于工作而并未拥有足够的学习时间，学习成绩有时不理想，这就逐渐形成了用人单位招聘理想人才的一大难题。

（二）大学生的择业观念存在的误区

不同的择业观使大学生有不同的择业行为。随着我国不断增加对教育事业的投资，高校教育逐渐在由"精英"教育走向"大众"教育。但是有相当数量的学生并未认识到这一点，依然认为自己是社会中的佼佼者，应当得到更高的重视。但是，就事实来看，高校毕业生数量增多，社会中精英岗位数量不足，很多大学生互相竞争以求得其理想岗位。但是在社会中也存在大众化的、平民化的一般性工作，这些岗位也同样需要相应的人才。

很多大学生过分看重应聘单位的规模、社会地位、薪酬水平等，同时希望可以留在交通便利的发达地区，而不愿意到经济欠发达地区或者基层岗位任职。要知道，高等教育仅仅是使人学习到更多知识的一种方式，而非一定要获得"高等职位"。很多高校毕业生由于就业观念的偏差，为自己设定了过高的就业目标，并未认清现实差距，从而和严峻的就业形势形成了强烈的反差，大大增加了自身寻找合适工作岗位的难度。

（三）所选专业与就业领域的不平衡

很多大学生进行专业的选取时，通常会选择一些热门专业，如财会、金融、建筑，最终导致大学毕业生在专业人数方面不平衡，造成扎堆现象。同时，很多用人单位在招聘人才时，看重的是受聘人员的个人综合能力而不是学历，学历仅仅是一个参考，有一些用人单位甚至觉得本科生的动手操作能力还不及专科生，宁可舍弃本科生不用而录用一些专科生。相关报道统计，我国的大学毕业生大部分集中在计算机、机械、建筑、经济等专业，而现今急需人才的模具设计与制造、心理学、机电一体化等专业，毕业的人数是相当少的，最终造成热门专业的毕业生反而毕业找不到工作，急需专业人才的用人单位却招不到足够数量的人。

四、大众化时代大学生就业形势

（一）高等教育大众化时代的大学生就业所面临的形势

1. 大学生的就业由"精英"走向"大众"

进入高等教育大众化阶段后，上大学不再是"千军万马过独木桥"，而是有更多的人能够享有接受高等教育的权利，大学生也不再是计划经济体制下的"宠儿"，大学生的就业同普通老百姓一样，不存在统包统分的情况，而是要公平地参与社会竞争。这样一来，一部分大学生通过竞争进入社会的精英岗位，同时，也必然会有一部分大学生从事与大众化相适应的"蓝领工作"，成为高级蓝领。在高等教育已经大众化的国家，特别是德国，这也是一个普遍的就业现象，大学生也在从事基层的一般性工作。

2. 学生就业市场由"卖方市场"走向"买方市场"

当高等教育处在"精英教育"阶段时，高等学校毕业生供给小于社会需求，是毕业生的"卖方市场"；随着高等教育的迅速发展，大学生数量急剧增加，大学生供给紧缺的时代已经一去不复返了，大学生供给与社会需求之间的关系由"供不应求"转为"供需平衡"，甚至"供大于求"。大学生就业基本趋于市场化，价格机制在就业市场上的调节作用越来越大，大学生就业市场由过去的"卖方市场"转变为"买方市场"，这是大学生就业工作所面临的新形势的一个重要标志。在今后一段相当长的时间内，高等学校毕业生就业都将处于"买方市场"，在社会需求总量增加不大的一段时间内，大学生层次间挤占岗位的效应将是一个逐渐增强的趋势；相同层次、相同专业的名牌学校与普通学校之间大学生的培养质量和特色的竞争将格外激烈；大学生整体求职的成本和时间将增加和延长；大学生整体的薪酬水平也将有所下降。

3. 大学生就业向第三产业倾斜

现代化的第三产业是以知识和高科技为支撑的，其中的金融保险业、法律、审计、财会、投资、心理、出国留学等方面的咨询服务业、各类经纪人和中介机构、文化教育业等服务产业的发展，要求其从业的绝大多数人员取得大学学历，应当说，这些行业的从业人员多数是在第一线工作的。大学生大量转移到第三产业一线岗位就业，也是大学生就业"大众化"的突出表现。

4. 大学生毕业初期失业率相对较高

从西方一些国家由精英教育向大众化教育转变的经验和特点来看，大学生

31

毕业后 1～5 年内失业人数比较多，失业率也较高，有时甚至高于社会平均失业率，但是总体上受过高等教育的人员的就业率要高于社会的平均就业率，待遇也高于社会中其他未受过高等教育的人员。

（二）大众化时代影响大学生就业的因素分析

1. 在时间结构上

大学毕业生供给超量增长，在短期内超出了需求的增长，劳动力市场还需要时间逐步调整。近年来，我国经济一直快速增长，特别是经济结构的升级速度加快，带动了对高人力资本存量的高校毕业生的强劲需求，从而促使高等教育迅速发展。我国从业人口中具有各类大专以上学历的人员仅占 5%，而工业发达国家则占 25%～30%。因此，加快提升国民素质的需要也极大地推动了高等教育的发展。问题是，大学毕业生供给增长的速度远高于经济增长，越来越多的大学生在寻找工作。劳动力市场需要一定的时间逐步消化大学毕业生在短期内的超量供给。

但必须说明的是，不能仅仅以大学生暂时就业困难去否定高等教育政策，这是两个不同的问题。严格地说，高等教育招生规模的扩大，为更多的青年人提供了接受高等教育的机会，不仅促进了教育公平，挖掘了个人职业发展潜力，还从整体上促进了我国人力资源开发水平的提升。

2. 在区域结构上

大学毕业生就业区域选择偏好的差异与政府政策激励上的错位导致实际有效需求不足。由于我国经济发展的地区间与城乡间差异，经济欠发达地区（特别是西部地区）很难对大学生形成有效需求，而且在较长的时期内，地区性有效需求不足的局面都将难以改变，这对扩大高校毕业生的市场需求是一个不利因素。

与此相反，由于大城市是我国的经济中心，对大学生就业的吸引力很大，而且这些中心大都具有高端的产业结构而对大学生有着强劲的需求，但是一些地方性的需求抑制（显性的指标限制与隐性的行政限制）与对中小企业或非正规部门的需求抑制（户口、社会保障、流动等），导致大学生就业市场被人为分制，其结果要么是直接人为地减少了用人单位的有效需求，要么是"促进"了灵活就业，增加了大学生的就业成本与风险。

3. 在能力结构上

大学毕业生的就业能力并不是基于职业路径的需要进行培养的，因此难以满足人力资源市场的需求。随着我国经济体制改革的深入和劳动力市场的结构性变化，用人单位的需求模式发生了显著变化。用人单位的劳动力需求行为基于"职位分析下的任职资格模型"，在劳动力市场上通过价格机制选用合适的人才。例如，国际商用机器公司（IBM）中国区对大学生的基本素质要求有四个方面：第一个方面是服务意识，即能不能从客户的角度出发去想问题；第二个方面是创新和解决问题的能力；第三个方面是沟通能力；第四个方面是团队合作的精神以及职业操守和商业道德。

然而，大学生并不能很好地满足"任职资格模型"。对大学生而言，就业能力取决于他们所拥有的知识、技能等资产，他们使用和配置这些资产的方式和向用人单位展示这些资产的方式以及他们寻找工作的特定环境（个人环境与劳动力市场环境）。由于大学生是作为一个"产品"在一个高等教育系统中被制造出来的，所以，就业能力不足与大学教育模式是联系在一起的。这既与传统上相对集中的高等教育管理体制有关，也与高校本身的教育能力不足有关。

长期以来，大学没有适应就业市场对高等教育所提出的日益苛刻的要求。从传递知识的角度来看，在整个大学教育中，知识教育仍然占有非常大的比重，理论功底及其相应的分析解决问题能力的构建仍然极为薄弱；持续的扩招又进一步稀释了大学既有的教育资源。此外，对于大学生从学生到职场人的转换，大学缺乏系统的职业指导与服务规划，导致学生或许有专业能力，但是缺乏获取职业信息、展示专业能力、适应实际工作以及应对职业转换等能力。

五、大学生就业形势安全评价指标体系研究

（一）大学生就业形势安全的概念

所谓大学生就业形势的安全，就是指社会提供的就业岗位能满足当年高校毕业生的就业，这里的"满足"指的是当年毕业生的就业率不低于一个规定的安全线。大学生就业形势安全和食品安全、社会安全、经济安全一样，是国家安全的重要组成部分。社会、政府、企业、高校、大学生构成了一个大的就业体系，是维持社会稳定、经济健康平稳发展的保证。当高校毕业生的就业率维持在一个主管部门认为的"最佳状态"安全线上时，就认为大学生就业形势安全；反之，当低于这个"最佳状态"安全线时，就认为大学生就业形势不安全，此时，相关部门就应出台相应政策促进大学生就业，使之稳定在一个相对安全的状态线上。

大学生就业形势安全是由社会、政府、企业、高校等各方面构成的就业体制，

33

是维护社会稳定的一个重要组成部分，大学生就业形势安全会对社会稳定和经济可持续发展产生重大影响。大量事实证明，大学生就业率持续走低，会产生大量待业人员，由此也会给一些地区的社会稳定带来威胁。最近几年在一些大中城市出现了"蚁族"，就在一定程度上反映了当前大学生就业形势安全状况令人担忧。总之，大学生就业形势安全就是社会能充分吸纳高校毕业生就业，从而维持社会稳定和经济平稳健康发展。

（二）大学生就业形势安全评价指标体系选择的框架

1. 大学生就业形势安全评价指标体系选择的理论框架

由于造成大学毕业生就业困难的原因不同，所以大学生就业形势安全评价指标选择的方法和侧重点也会有所不同，如基于大学生自身的就业期望值的指标选择、基于高校扩招和专业结构性矛盾的指标选择、基于企业对大学生各方面要求的指标选择以及基于压力—状态—响应的指标选择方案等。在针对大学生就业困难问题的评价与研究中，基于大学生自身的就业期望值的指标选择和因高校扩招导致专业结构性矛盾的指标选择方法居多。

大学生就业形势安全评价指标体系的理论框架将借鉴经济合作与发展组织（OECD）建立的，用于人类和自然环境关系的压力—状态—响应（P-S-R）框架模型来构建。该模型具有综合性、灵活性和可以体现因果关系等特点，如图2-1所示。

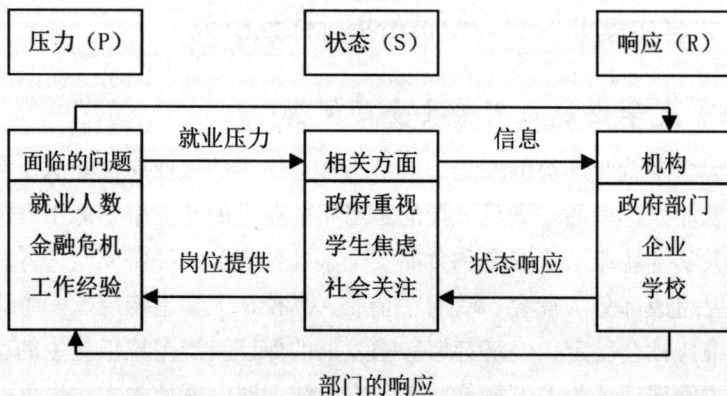

图 2-1　OECD 压力—状态—响应（P-S-R）框架模型

这一框架具有非常清晰的因果关系，即由于受大学生就业人数不断增加以及金融危机等因素的影响，大学生的就业形势发生了一定变化，相关机构应对大学生就业困难的变化做出响应，以促进大学生就业，防止对经济和社会的可持续发展造成不良影响。这三个环节正是决策和提出对策措施的全过程。P-S-R框架强调了大学生就业压力的来源，这是一个非常关键的问题。同时，对于因果关系的强调也很重要，虽然这些联系未必像框架模型描述得那么直接。

在压力—状态—响应模型中，压力指标指各种因素对大学生就业的直接压力因子；状态指标指当前大学生就业的状态或趋势；响应指标指促进大学生就业的措施中可以量化的部分，其在处理大学生就业问题的过程中不断发展。

2. 大学生就业形势安全评价指标体系选择的概念框架

在驱动力—状态—响应（D-S-R）框架中，驱动力指标用以表示那些造成大学生就业困难的，如政府、企业、高校以及学生等方面的因素；状态指标用以表示促进大学生就业的各系统的状态；响应指标用以表示社会各方面为促进大学生就业所采取的对策。

此外，本研究还在P-S-R框架中添加了驱动力（D）和影响（I）两类指标。①驱动力指标是指推动大学生就业压力增加或减轻的社会经济或社会文化因子。②影响指标是指由大学生就业困难导致的结果，它们代表可观测的结果（包括正面的和反面的）。例如，对社会稳定和经济可持续发展的影响以及大学生心理问题的出现。

D-P-S-I-R框架中各个指标之间的相互关系如图2-2所示。

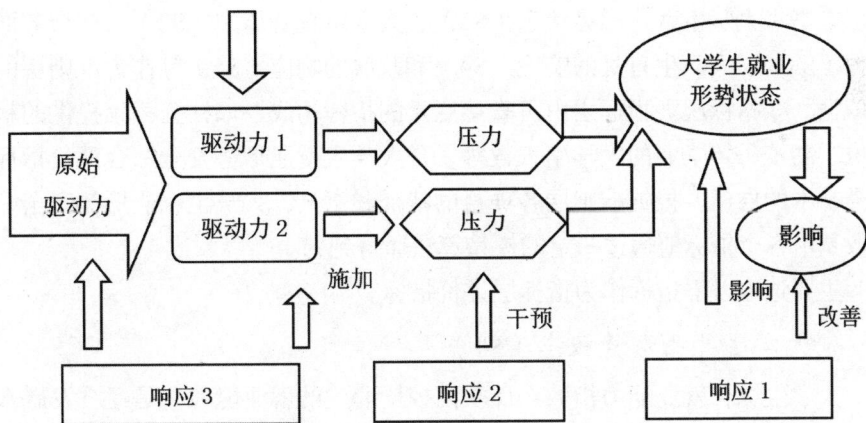

图2-2 D-P-S-I-R框架中各个指标之间的关系

大学生的就业形势在一定程度上反映了社会经济的发展状况是否良好。当经济处于快速增长期时，大学生就业容易；反之，大学生就业就会相对困难。

这就需要政府通过一系列的宏观调控、财政政策、货币政策等来拉动经济的增长，从而促进大学生就业。

在评价大学生就业形势是否安全时，经济发展的状况是一切评价的基础，在此基础之上，一个安全的大学生就业形势的最终判断是在企业需求与高校所培养的合格大学生之间的交界面上进行的。也就是说，企业需求与高校培养大学生的互动关系决定了大学生就业形势的安全程度。当大学生的就业率低于一个特定值时，相关部门就应该出台相关政策促进和保证大学生就业。

（三）大学生就业形势安全综合评价指标体系的构建

对评价系统进行初步分析，并基于前述框架，利用层次分析法，根据评价对象各组成部分之间的关系构建多层次评价指标体系，总体上将大学生就业形势安全评价指标体系归纳为三个方面：一是大学生就业压力的来源，主要包括就业人数增多、家庭期望值高、就业观念陈旧等因素；二是大学生就业状态，主要包括政府重视程度的提高、大学生就业心理问题的增加等；三是大学生就业响应，主要包括大学生自身的响应、政府的政策响应、企业和社会的响应等方面。

大学生就业形势安全综合评价指标体系主要有以下几个层次：①目标层。以大学生就业形势安全综合指数为总目标层，综合表现大学生就业形势的安全态势。②准则层。准则层是影响大学生就业的主要因素，也可以理解为分目标层。本书将大学生就业形势状态（S1）、大学生自身压力（S2）、社会方面的压力（S3）、大学生自身的响应（S4）和政府的响应（S5）等作为准则层的评判依据。③指标层。指标层由可直接度量的指标构成，如社会每年提供的就业岗位、高校每年毕业的大学生人数等，是大学生就业形势安全综合评价指标体系最基本的层面。根据准则层各项目的特征和意义，大学生就业形势安全综合指数是由各个指标值通过一定的模型算法而得到的。

主要选取以下指标作为指标层评价指标。

1. 大学生就业形势状态（S1）

大学生综合就业能力指数：反映高校毕业生的就业能力，是经济发展水平（经济增长率、企业发展状况）、高校就业人数（应届毕业人数、往届毕业生未就业人数）、意外事件（金融危机、经济危机、社会动荡）、行业发展状态（电子、软件、机械、金融、服务）、政府经济政策（宏观调控、货币政策、财政政策）等因子的函数。

①经济发展指数：反映社会容纳高校毕业生的能力，经济发展平稳健康有

利于高校毕业生的就业；企业发展良好也有利于扩大生产规模，增加就业岗位。

②高校毕业人数指数：反映高校向社会输送毕业生的人数的现状。高校毕业生人数的逐年增加，再加上往年未实现就业毕业生的竞争，将大大增加应届高校毕业生就业的压力。

③意外事件频度：意外事件包括金融危机、经济危机、局部战争、社会动荡等，此类事件发生的概率很小，但对大学生就业有很大的影响。2008 年 9 月的金融危机，给包括我国在内的很多国家造成了很大的冲击，一个很明显的现象是就业困难、失业率上升。大学生就业是对意外事件抵抗能力的反表征。

④行业发展状态：某些行业发展的好坏也会在一定程度上影响此类专业大学生的就业，即使国内经济发展良好，也并不能说明所有行业都在健康发展。

⑤政府经济政策：政府出台建立就业创业见习基地、实施国企人才储备计划、鼓励高校毕业生参加志愿服务西部计划、大学生村官等政策，以及为了振兴某些行业所采取的一些经济或行政手段，都会直接或间接影响大学生的就业形势。

2. 大学生自身压力（S2）

①工作待遇压力：大学生在就业过程中对就业薪酬的要求，包括基本的保险和基金等。

②工作地点压力：大学生在就业过程中对工作地点的要求，如一线城市、中小城市、乡村等以及企业的工作环境。

③专业对口压力：大学生在就业过程中对职业的选择以及自己对将要从事的行业的兴趣爱好。

④发展前途压力：大学生在就业过程中，会考虑企业的发展前景以及自己在企业中的发展潜力，是否有升职等机会。

3. 社会方面的压力（S3）

①家庭期望：指父母对子女的就业期望，包括待遇、工作地、发展潜力等，反映家庭期望压力。

②企业要求：指企业在招聘过程中对文凭的关注程度、对性别的要求、对生源地域的要求、对工作经验的重视，反映来自企业的压力。

③其他待业人员：指往年毕业未就业的学生、社会上的待业人员、农民工等，反映来自其他就业人员的压力。

4. 大学生自身的响应（S4）

（1）压力调整指数（减压力、挖潜力）

反映大学生自身对就业系统压力的对策响应。高校毕业生可以从上述指标体系中，针对工作待遇、工作地点、专业对口等，降低自身的就业期望值，先就业再择业。除此之外，还可以选择自主创业，这也是实现大学生自身价值的内在要求。

（2）状态改善指数（自身心理调整、学校开展教育）

反映大学生对就业困难状态的对策响应。大学生应全面提高自身的综合素质，同时还要正确对待困难和压力，正确认识挫折，寻找失败的原因，克服焦虑等诸多不利的心态，从而赢得就业的最后胜利。

5. 政府的响应（S5）

政府的相关政策反映政府对大学生就业形势安全系统压力的响应。政府通过发展经济，调整产业结构，尤其是建立高新技术产业提高产业水平来增强对大学生的吸纳能力；扩大研究生招生规模，延缓大学生的就业时间；采取建立就业创业见习基地、实施企业人才储备计划、鼓励高校毕业生参加志愿服务西部计划、开展就业指导等措施，为大学生就业搭建广阔的平台。

不同指标涉及大学生就业形势安全的不同方面。要充分掌握大学生就业系统的安全性和完整性，必须同时选取多个指标。大学生就业形势安全的范围非常广泛，不仅包括社会问题，而且包括社会经济和安全诸多方面。为了获取就业系统的所有特性，在评价大学生就业形势系统安全状态的过程中，需要从多个角度进行指标的选择。同时，在进行指标体系选择时，必须建立框架概念以进行指导。

第二节　大学生的就业前景

一、大学生就业前景分析

（一）就业方向的改变

大学毕业生在对职业进行选择时，逐步将注意力从以往的机关事业单位、大型国企等转向外企、私企等单位。尽管大部分毕业生依然选择留在大城市，进入机关事业单位工作，但是已经有一部分学生的择业观念开始发生变化，对于非国有企业单位的选择已经逐步成为大学毕业生的主要选择之一。大学毕业生就业方向的逐步多元化，增加了就业人员的数量，同时使整个社会的人才资源得到了平衡分配。自主创业也逐步成为高校毕业生的一大选择，自主创业提高了就业灵活性，缓解了就业压力，又可以为社会创造更多更新的就业岗位，面对就业难、竞争压力大的就业环境，有不少毕业生选择自主创业，这也为高校毕业生提供了一个新的就业方式。

（二）"再就业"成为新趋势

现今社会是一个多元化发展、变化极快的社会，再就业已经逐步成为一种就业趋势。对于刚刚毕业的大学生来说，由于缺乏相关工作经验、个人工作能力不足等原因，只能先选择一些要求较低、相对容易入职的岗位，在逐渐适应了社会的发展变化，自身具备了一定的就业竞争优势时，就可以选择再次就业，选择自己理想的单位和工作岗位。但是这样也会对人力资源市场造成一定影响，人才流动速度过快，使很多企业常年处于长期招聘的状态，不利于企业的稳定发展。现代大学生的综合素质在不断提高，就业观念也在发生变化，他们不仅要求就业岗位有一定的经济基础作为保障，还希望在工作中能够实现自身的人生价值和目标。因此，在以后的就业选择中，公司的发展前景、岗位的上升空间将成为大学毕业生择业的一项重要参考指标。

（三）大学生就业价值取向的特点

1. 市场性特点

通过市场实现就业已成为大学毕业生择业和就业的主流。在学校和社会的共同关注下，大学毕业生通过招聘会、网络招聘信息、校企宣讲见面会等多种方法和途径，主动进入人才市场，积极择业、就业、创业，充分体现了高等教育大众化背景下大学生就业价值取向的市场性特点。

2. 竞争性特点

竞争是市场经济体制下的必然产物，有市场就有竞争。大学生要想在激烈的市场竞争中争得一席之地并占据有利地位，就必须以过硬的基本功武装自己，构建全面系统的知识结构，注重自身能力和综合素质的培养，以及职业素质和技能的提高，形成积极、健康、优秀的人格品质，把竞争看作一种不断提升自我的动力，培养开拓进取精神。

3. 能力性特点

当代大学生已不仅仅局限于书本知识的学习，他们更注重的是自身综合能力的提高。这种综合能力的涵盖面十分广泛，它既包括大学生在学校所学的基本技能，又包括大学生自我认识和对他人认识的能力、思维能力、表现能力、行为能力、心理承受能力、社会适应能力等诸多方面。因此，这也正体现了大众化教育背景下大学生就业价值取向的能力性特点。

4. 学历性特点

随着我国经济的发展以及经济水平的不断提高，很多就业岗位需要有学历、有知识的人才，在一些大型的招聘会上，很多用人单位都明确要求应聘者"具有本科或硕士以上学历，具有一年（或几年）相关工作经验"。这体现了大众化教育背景下大学生就业价值取向的学历性特点。

5. 职业平等性特点

随着"精英"教育向"大众"教育的转轨，大学生供给和就业市场需求之间的关系由过去的"供不应求"转化为"供大于求"，在这种形势下，大学生对工作岗位的选择也放低了姿态，不再一味地要求专业对口、工资福利待遇丰厚等，而更多地关注能够发挥自身特长、展现自身才能、实现自我人生价值的岗位。这充分体现了高校毕业生在就业观点和态度上的灵活性和主动性，体现了大众化教育背景下大学生就业价值取向的职业平等性特点。

6. 自主创业性特点

大学生自主创业打破了传统意义上大学毕业生那种"天之骄子"的思想，体现了大学生在就业问题上的主观能动性。同时，国家和社会也重视并鼓励大学生自主创业，并在政策上予以支持，使更多的拥有创业梦想的有为青年不断加入进来，在创业道路上挑战自我、实现自我。这充分展示了当代大学生就业价值取向的自主创业性特点。

（四）大学生就业面临的重大机遇

1. 大学生就业问题得到了前所未有的重视

党和国家对大学毕业生就业高度重视，每年都会根据不同的就业形势，出台相应的就业政策和措施，为引导、协调、安排毕业生就业提供强有力的保障。各级政府和高校因势利导，拓宽就业渠道，保障毕业生就业。各地制定的相关人才政策也越来越有利于毕业生就业。

2. 就业市场逐步完善

伴随着知识经济时代的到来，就业信息的传播方式也发生了新的变化，这种变化不仅使毕业生就业逐渐实现信息化、网络化的远程服务，还促进了毕业生就业市场从传统的劳动密集型管理模式向以信息技术为基础的现代管理模式的转变。随着毕业生就业人才市场的建立和完善，相关的规章制度也相继确立，为大学生就业提供了保障。

3. 社会需求总体上仍供不应求

我国并不存在大学毕业生已经多得分不出去的问题，中国仍是人才稀缺的国家。少数单位存在人员老化、文化素质偏低、办事效率不高、人才出现断层等问题，这种"假饱和"状态最终必定会被良性的人才配置所代替，低年龄、高素质的大学毕业生在良性人才配置中占据着明显的优势。

4. 中国经济飞速发展使就业空间进一步扩大

据统计，中国国内生产总值到2020年要比2000年翻两番，每年国内经济增长速度也保持在7%左右。专家预测经济增长速度每增加一个百分点，就会增加80万到100万个就业岗位。随着科教兴国战略的逐步实施，我国经济体制和经济增长方式也在发生巨大的变化。产品结构的优化、产品质量的提高、企业经济效益的提高，都将促使科技在我国国民经济中的贡献进一步加大。要实现这些目标，归根到底就是要提高劳动者的素质，优化从业人员的知识结构，提高其经营管理能力，这就为大学毕业生就业提供了一个广阔的空间。

5. 非公有制单位对高校毕业生的需求急速增加

随着社会的快速发展，社会对人才的需求也越来越大。非公有制企业、乡镇企业也为毕业生就业提供了更多的岗位，广大基层和经济欠发达地区更为毕业生提供了施展才华的舞台。非公有制经济作为市场经济的重要组成部分，正在飞速发展，在国民经济领域中占据的地位也越来越重要，对人才的需要也已超过国有单位。

6. 高新技术企业对高新技术人才的需求量日益增加

随着科技的不断发展，高新技术企业的数量也在快速增长，对与它们相关专业毕业生的需求也越来越大。与这些企业相关的专业，如计算机及应用、计算机软件、通信工程等，人才的需求量在就业市场上每年都位居前列。目前，各地、各行业都在积极吸引高新技术人才，争相为其提供优惠条件，创造良好的工作、生活和学习环境。这种日益浓厚的尊重知识、尊重人才的社会氛围，会为大学毕业生创造更多的就业机会。

7. 西部大开发需要大批人才

西部大开发战略是我国的跨世纪发展战略，这一战略的实施需要大批德才兼备的人才。西部的生态重建、资源开发、城市化建设、经济社会的快速发展等都为大学生就业提供了广阔的舞台。随着西部大开发战略的实施，西部省份各级政府也相继出台了一系列的人才优惠政策，从而吸引更多大学毕业生到西部工作。

8. 基层单位和边远艰苦地区急需人才

基层单位是指各行各业最基本的第一线的单位，如街道办事处、村级组织、生产车间等。边远艰苦地区是指经济欠发达的地区，如西部地区。基层单位和边远艰苦地区人才需求量很大，可以说各行各业都需要大批人才，而实际的情况是很多单位根本就招不上人。当代大学生应有担当，勇于到基层单位和边远艰苦地区去建功立业。

二、解决大学生就业难的对策

（一）大学生自身做出调整和努力

第一，转变就业观念，树立新时期的就业观。大学生应从实际出发，抛弃"社会精英"的情结，树立大众化的就业观。目前社会上还有许多空闲岗位，小城市、乡村等地急需人才，小企业、私营企业等还存在大量用人需求；大学生还应树立基层意识、事业意识和奋斗意识，到基层锻炼自己，挖掘自身潜能，还可以将眼光投向西部，到西部地区锻炼成才；逐步确立"先就业、后择业、再创业"的职业选择策略，从现实出发选择自己的求职道路。第二，提升自身素质，掌握过硬的本领，才能在就业竞争中占据主动地位，谋取自己理想的职位。第三，自主创业，自谋职业道路，在解决自己就业问题的同时，为社会提供新的就业渠道，缓解就业压力。

（二）高校的帮助与支持

1. 调整学科结构和专业设置

高校应根据市场需求，合理调整学科结构和专业设置，面向社会、面向市场办学。加强和推进大学生就业创业的教育与指导工作，帮助大学生合理规划职业生涯。高校作为人才培养的主要场地，应该将职业发展规划作为高校教育的重要内容，通过职业生涯规划的教育可以有效提升大学生的就业率和就业质量。而科学和合理的职业生涯规划必须是建立在学生能够对自我能力进行充分、客观认识的基础上的，高校应该引导学生客观地评价自我，分析自己的优势及不足、自己的兴趣爱好和特长等，帮助大学生制订出符合自己特点的职业发展策略。高校可以通过开展大学生创业创新大赛或者举行模拟现场招聘等第二课堂的形式来为学生的发展构建平台，增强大学生创业的实践性，培养大学生的创业实践意识及能力，提高学生的择业竞争力。

2. 引导大学生转变就业创业的观念、方向与心态

高校应该引导大学生转变就业创业的观念、方向与心态。很多大学生存在眼高手低的现象，将就业的目光投向了东南沿海经济发达的地区，致使东南沿海地区人才济济，就业竞争激烈，而中西部地区的很多就业岗位却无人问津，造成这种情况的主要原因是大学生在就业时存在观念上的误区。首先，高校应该引导大学生转变就业的观念，调整就业的心态，鼓励大学生将目光投向中西部地区，深入基层工作和农村第一线的工作岗位中，这样既可以填补中西部地区职位的空缺，又可以缓解就业的竞争压力，为推动中西部的经济发展做出贡献，只有经过一线岗位的实践锻炼，青年大学生才有可能在今后的职业发展中有更多的机会。很多大学生过于看重单位的福利待遇和单位的性质等，这与当前的就业形势是相脱离的，在就业形势严峻的当下，先就业，再择业才是最佳的选择。其次，针对一些拔高就业条件的大学生，高校应该有针对性地指导，让学生从自身、就业单位等方面把握是否可以实现自己的就业理想，高校应该将就业创业教育与社会市场对人才的需求相结合，让学生了解社会对人才的需求形势，让学生在就业与创业道路上少走弯路。

3. 提供创业教育的实训基地

学校应该积极为大学生提供创业教育的实训基地。为了加快大学生就业创业的步伐、增强大学生就业创业教育的效果，为大学生建立就业创业的实训基地，或者借助企业的帮助实现良好的校企合作，为大学生的创业提供实训与指导是非常必要的。通过和与高校专业结合度高的企业建立合作关系，甚至挂牌大学生创业实训基地，可以让大学生在毕业之前熟悉就业环境，了解创业的环节，开阔眼界，增长见识，提高适应社会的能力。因此，高校应该切实加强对大学生进行创业模拟训练与指导，增强大学生的创业技能与社会应变能力，以此来达到提升大学生就业创业能力的最终目的。

4. 组建就业创业导师队伍

学校应该加强就业创业导师队伍的建设。大学生就业指导工作内容庞杂、信息多样、技术难度不断加大，既要面向市场，又要考虑学校的办学实际，同时还要兼顾学生的个性特点以及学生的意识形态。在就业形势日益严峻的新时期，无疑对就业指导工作人员的知识技能和专业素养提出了较高的要求，培养和造就一支符合"职业化、专业化、专门化、信息化"的"四化"标准的就业指导队伍，才能使就业指导工作顺应时代发展的要求。

5. 构建大学生就业实践平台

（1）加强课堂教学与实习实践的融合

教师在创新创业一体化平台中开展教学时，应该联想到后期的实习和实践，加强课堂教学与实习实践的融合。因此，在课程教学设计中应做到：①设置专业知识和技能的教学板块。②结合学生自身条件和社会发展对人才的要求，有针对性地开展教学实习和实践，将创新创业意识融入其中。③将最为基础的创业活动与学生的生活实际结合起来，如可以安排一些营销专业的教师，开展销售活动的实践，将销售生活用品的创业活动与学生的日常生活联系起来。

在开展创新创业活动的实践方面，学校应给予充分的支持和高度重视，并加强学校和社会的合作，为学生的实践活动提供产品支持，做好创业活动中学校和企业的对接沟通工作。通过这种一体化的创业实践活动，学生既能加深对专业知识的理解，又可以在小型的创业活动中提高创新创业意识。

（2）积极开展小组创业实践的相关训练

小组创业实践相关训练的开展主要包括三方面内容：①对于专业知识掌握较好的学生，开展一体化实践平台的教育，教师可以提前安排参加顶岗实习。②在创新创业实践活动中，教师不断优化相关的训练，让学生在一个相对宽松的创业环境中开展创业实践。③鼓励并指导学生组建创业活动小组，帮助他们顺利完成创业项目。

（3）一体化实践平台的建设内容

①硬平台建设。第一，建设综合创新实验室。这类大学生综合创新实验室定位准确，面向集群，对象为广大学生，并为学生开展科技创新实践活动提供必要的硬件支持，它属于全方位开放的实验室。第二，建设创业实践平台。一体化实践平台中的大学生创业实践平台主要的特点为：功能齐全、具有较强的社会互动性、具有较好的实战效果。该平台的定位就是为大学生提供创业技能培训和创业实践活动服务，不仅可以增强学生的就业与创业能力，丰富大学生

的创业模拟体验，还能培养学生的知识转化与实际动手能力。

②软平台建设。第一，建设创新创业课程体系。顺应创新创业教育的发展规律，聚集校内外的优质师资资源，组建一支专业性较强的创新创业理论教学与实践指导教师队伍。同时，还应委托课程建设团队对已有的创新创业课程的潜力进行更深入的挖掘，使创新创业课程体系的层次、内容和修读方式更加丰富多样，开设方式也变得更加灵活。第二，发挥平台系统优势。一体化实践平台实质上是科学管理和深度开放的实践平台、资源共享的实验平台、创新成果直接向创业实践转化的实战平台以及与校外实践平台对接的开放平台这四种平台的综合体。

（4）保障机制

①组织保障。使创新实践平台建设与运行过程中出现的一些重大问题得到及时有效的处理，是管理组织机构成立的主要原因。通常情况下，创新创业实践平台的建设与运行都是由省级大学生创新创业基地建设指导委员会和管理委员会统筹负责的。除此之外，管理委员会还会下设由专业学院分管副院长和基地公司人事部经理组成的办公室，主要负责处理创新创业实践平台建设与管理过程中的一系列日常工作。

②制度保障。为了使大学生的培养质量得到进一步提高，必须严格按照"整合教育资源、突出创新能力、提升培养质量、规范过程管理"的原则，在学校大学生培养质量监控体系文件的基础上，不断对学校与基地公司的管理制度进行修订与完善，如学位论文盲审、实践考核、开题报告与中期进展报告、答辩等管理制度。

③经费保障。一定的建设经费是创新创业实践平台高效运行的重要保证。其来源主要包括：根据预算，由省财政提供的定向拨款；根据省教育厅的文件要求，由学校提供的配套建设经费；校院两级财务管理预算中的部分建设经费；与学校合作的基地公司提供的一部分经费；双导师的科研项目资助的小部分科研成果费等。同时，要重视将科技成果转化为生产力和经济效益，注重在环保产业中寻找新的发展动力，以增强自我建设与发展能力。

（5）管理机制

①培养管理。构建"三个支点"和"两个保障"互利共赢的人才培养管理框架，所谓"三个支点"，是指理论教学、科研训练和实践；所谓"两个保障"，是指科研先导和制度创新。经过二者的良性互动，逐步形成"三位一体"的人才培养管理模式，即以专业理论教学、科研训练和实战为导向，注重对实践和学位论文实践环节的培训管理。

②导师管理。创新创业实践平台实行双导师制度。导师的选择主要通过两种方式进行确认：按学校指导教师管理办法进行师生双向选择；由基地公司在按照学校专业学位导师遴选办法聘任的兼职领导中依据各自专长进行确认。

对于双导师的管理，目前有两种管理制度：一种是按照学校的导师责任制进行管理；另一种是按照专业双导师制的暂行规定进行管理。此外，学校还可以在基地公司内聘任兼职硕导，但是所聘任的工程技术与管理人员应至少满足以下一个条件：第一，具有高级职称；第二，具有博士学位。从基地公司选出来的人员主要负责指导和培养进入创新基地的学生。

（6）合作机制

具体为：①专业学院和基地公司的技术研发人力资源和实验室资源都可以被双方共享。②为了方便基地公司开展技术研究与测试分析，可以共享专业学院的实验平台资源。③为了方便专业学院开展实践工作，可以共享基地公司的技术平台资源。④专业学院和基地公司的实验场地和设备要对学生全面开放，做到实验室资源和优质教育、教学的共享。

（三）政府部门在毕业生就业工作中的职责

1. 制定政策法规，完善就业市场体系

各级政府要从规范就业市场着手，建立健全法律、法规，逐步把毕业生的工作纳入法制化、规范化的轨道。还应继续完善毕业生就业政策，消除就业歧视，深化人事、户籍等相关就业制度的配套改革，解决由于户籍制度造成的市场分割问题，规范就业市场。

2. 加强宏观调控，促进人才的合理流动

国家应采取必要的宏观调控措施，加以必要的行政、经济手段来实现人才的合理配置。鼓励大学生投身西部，在西部地区安家落户。还应看到我国基层人才匮乏，有大量的用人需求，国家也应制定相关的政策，鼓励大学生投身基层实现就业，锻炼成才。另外，政府还应建立高校毕业生失业保障和培训机制。毕业生是我国宝贵的人力资源，毕业生失业是一种巨大的人才浪费。

综上所述，心态对成败有重要影响，这是很多人用实践证实的道理。在社会发展迅速的时代，很多时候我们的努力可能得不到相应的回报，就像我们在大学校园里学到了理论知识，走向社会时，并不一定能找到一个实践它的地方工作。这时就需要我们有一个良好的心态，明白抱怨在任何时候都不会起作用，

我们能做的是弄清问题所在，加倍努力，去掉我们身上社会不能或暂时不能接纳的东西，提高社会需求的技能，要明白，就业创业是一个艰难困苦的过程，需要我们不懈努力。要相信，天道酬勤，付出总会得到回报。

第三章　大学生职业生涯规划的制订

职业生涯规划能够使大学生明确目标，正确规划自己的职业生涯，主动适应社会的发展。掌握设计职业生涯规划的原则和方法，大学生可以更科学、合理地规划未来的职业生涯。本章分为大学生职业生涯规划的设计、大学生职业生涯规划方案的制订和大学生职业生涯规划方案的实施三部分，主要内容包括设计职业生涯规划的原则、职业生涯规划书、职业生涯阶段划分、职业生涯规划的常见误区、职业生涯探索阶段、大学生涯阶段规划等。

第一节　大学生职业生涯规划的设计

一、设计职业生涯规划的原则

大学生进行职业生涯规划是一个非常复杂的过程，需要遵循一定的原则才能设计出科学可行的职业生涯规划。SMART 原则是指在进行职业生涯规划时要遵循具体性（S）、可衡量（M）、可实现（A）、相关性（R）、时限性（T）的原则。

（一）具体性

良好的职业生涯规划要具体明确，不能用模糊的目标、大概的时间来定义职业生涯规划中的一些内容。例如，在一份大学生的职业生涯规划中对英语学习的规划，不能定为英语运用能力提高，表达能力增强，而应该具体化为可以用英语与外教交流，或这次英语六级考试考到优秀分数以上；职业生涯规划不能只说毕业后要找到一份满意的工作，而应该具体化为教师、医生等具体职业，甚至要具体到语文老师、中学语文老师，更甚者具体到某个中学的语文老师。这样才能真正发挥职业生涯规划的作用，指明方向，督促进步。

（二）可衡量

职业生涯规划要具有可测量性，把职业规划的内容进行量化。明确自己在一个学期、一个学年乃至整个大学期间每个阶段的具体任务，而且这些任务是可以用具体的数字来测量或用具体的标准来衡量的。人都是有惰性的，惰性发作时总会不自觉地找各种理由来敷衍、搪塞。如果在职业规划中要成为一个企业家，那就要量化一下这个企业家的具体内容，毕业一年后自己的企业要发展到什么规模，十年以后要发展到什么规模，把这些用资产来量化一下。

（三）可实现

职业生涯规划要充分考虑自身的条件和外部环境，使规划切实可行。可行性需要大学生对自我进行全面客观的分析、定位，根据自己的能力、兴趣、性格、气质等选择适合自己的目标和方法，还要深入实际，了解社会现实，根据实际情况调整职业生涯规划。如果规划不切实际难以实现，最终会因看不到实现的希望而选择放弃。

（四）相关性

大学生职业生涯规划既要保持大学期间目标的相关性，又要保持大学毕业走向社会后职业生涯目标的连续性，使整个职业生涯规划连续一致。例如，大学本科期间主要学习的是法律，研究生也是学习法律，职业规划也是与法律相关的职业，那么职业生涯成功的可能性就会大大增加。

（五）时限性

在职业生涯规划中，任何目标的实现都要有时间限制，以克服人的惰性，最大限度地激发人的潜能。大多数人之所以有拖延的惯性，是因为没有把思想的焦点放在现在短期的目标上。如果职业目标在什么时间完成是模糊的，那就很难估计要投入多少精力去实现目标。如果目标需要较长时间，为了在较长时间内能保持始终如一的进取状态，可为目标设立多个"子期限"，这样人的潜能就会更好地被激发出来。

二、进行职业生涯规划的步骤

进行职业生涯规划强调的是职业生涯目标的探寻，其基本步骤包括探索自我、评估环境、确立目标、设定职业发展路线、实施行动和反馈评估。

（一）探索自我

探索自我的目的是认识自己、了解自己。一个有效的职业规划，必须是在充分而且正确地认识自身条件的基础上进行的。对自我了解得越透彻，越能做好职业规划。对自己做真实的评估可能是一件比较难的事情，需要抛弃各种不健康的心态，实事求是地审视自己、认识自己和了解自己。自我评估包括评估自己的兴趣、特长、性格、技能、情商、思维方式和价值观等。探索自我可以借助职业心理测评来实现，也可以在实际生活中进行。

（二）评估环境

评估环境主要是综合分析各种环境因素对自身职业生涯发展的影响。每一个人都置身于一定的社会环境之中，离开了这个社会环境，便无法生存与成长。判断一个职业是否适合个人的发展，就需要去认真了解该职业的工作内容、薪资水平、所需要的技能和训练、工作条件以及晋升机会等。职业环境除了企业环境外，还包括社会环境、政治环境、经济环境和自然环境。因此，在制订个人的职业生涯规划时，要分析这些大环境的特点、发展变化情况以及环境对自己提出的要求，了解意向职业在这个环境中的地位、有利条件与不利条件等。

在职业生涯规划中，决策的好坏取决于所获取的职业信息。缺乏信息支撑的决策，是可怕的决策。只有对环境因素充分了解，才能做到在职业生涯发展过程中趋利避害，使职业生涯规划更具可行性和可操作性。

（三）确立目标

目标是人生前进的指向标，是人生成功的精神力量。没有指路的灯塔，人将会迷失方向，最终与正确轨道渐行渐远。因此，确立职业生涯发展目标是进行职业生涯规划的核心。

职业生涯目标的确定应当以自身的最佳才能、最优性格、最大兴趣以及最有利环境等因素为依据。在设定时要把握好三点：第一，要知道一直以来自己想做的事；第二，要清楚自己现在能做的；第三，要明白自己将来要做的，自己的职业期望是什么。将三者结合起来就可以确定未来的职业目标。

设立目标还要遵循一定的原则：具体、明确，不要含糊其词；可以是量化的，有一个能衡量成功和失败的标准；可以是能完成但具有挑战性的，也就是说，就自己的能力和特点而言，实现这个目标是现实的、可能的；目标应有一定的意义、价值；对一些可能会影响目标实现的因素具有调控能力。

（四）设定职业发展路线

个人现在所处的位置与所确定的总体职业目标会有距离，而且也不可能一蹴而就。要完成总体职业目标，就必须将总体职业目标进行分解，分阶段逐步完成。每一个阶段的职业目标也不尽相同，有的人适合做行政，可以在管理方面大显身手；有的人适合做研究，可以在某一领域成为一名专家。如果一个人不具有科研才能、科研思维和创新意识，却选择了走科研路线，这个人就很难成就事业。因此，在职业生涯规划中，须设定职业发展路线。从纵向来讲，总体职业目标应分成几个阶段；从横向来讲，在每一个阶段内是向管理方向发展，是向行政方向发展，还是向专业技术方向发展，这些问题搞明白了，就能使自己的职业生涯沿着既定的职业发展路线向正确的方向前进。

（五）实施行动

孔子提出，一个人的修行是学、思、行三者的结合，他特别强调"君子欲讷于言而敏于行"，即君子要更重视行动。行动，主要包括在校的教育和实践、走上工作岗位的轮岗和培训等。例如，为了实现职业目标，大学生不仅要在工作方法上采取措施提高效率，在专业知识方面继续深造，还要在人际关系方面营造一个良好的氛围。行动是职业生涯设计中最具实际意义的一个步骤，没有这一步骤，理想就是梦想，规划就会渺如尘埃，目标就如海市蜃楼，一切将会毫无意义。

（六）反馈评估

在生涯发展进程中，影响职业生涯规划的因素有许多，变化因素有可以预测和不可以预测之分。这就需要对职业生涯规划进行反馈与评估，要善于快速地将新信息吸纳反馈到职业生涯规划中去，及时对自己的职业生涯规划做出评估，并以此为依据进行优化。

三、职业生涯规划书

撰写职业生涯规划书的过程也就是个人根据对自身特质和客观环境的综合分析，确定自己的职业发展目标及策略，并按一定时间制订相应的工作、培训和教育等行动计划的过程。规划的思路、依据、内容和结果形成文字性的方案即构成了职业生涯规划书。

职业生涯规划书是个人职业生涯成功的战略指南，对实现个人的职业梦想有非常重要的意义。首先，职业生涯规划书通过自我人格特质分析，促使大学生深入了解自己、发现自己的特长、挖掘自我潜能；其次，职业生涯规划书可以帮助大学生树立明确的职业发展目标，提供自我管理的导向约束，有效克服职业生涯的发展阻碍；最后，实现职业目标的过程，也是提升个人综合素质和个人职业竞争力的过程。

（一）职业生涯规划书的撰写原则

1. 独特性

就像世界上没有两片完全相同的叶子一样，世界上也没有两个完全相同的人。每个人高矮胖瘦各不相同，内在的性格特征、知识结构、兴趣爱好、能力倾向等都有自己的特点，其家庭条件、所处的社会环境也都不同，因而在制订职业生涯规划时不可能找到普遍的路径，必须综合考虑个人各个方面的实际情况而量身定制。

2. 可行性

每个人都有自己的职业理想，但是理想是否能够实现，则取决于用以实现理想的规划方案是否可行。可行性体现在两个方面：首先是生涯目标的可行性，即目标的设定是否建立在现实条件的基础上；其次是职业行动计划的可行性，即行动计划是否是自己可以做到并根据一定标准进行考核监督的。

3. 阶段性

根据舒伯的生涯彩虹图，个人的发展具有阶段性，每个人在自己人生发展的不同阶段所承担的重要角色是不同的，有不同的发展任务。职业生涯规划也应该根据自己的年龄和所处的阶段来设计不同的内容，以适应每个发展阶段的特点，使每个阶段都能过得很充实，并逐步完成阶段性目标，从而实现自己的人生目标。

4. 发展性

所谓"规划"，要求具有一定的超前性和预测性，但事物是不断发展变化的，规划并不总能适应新情况的出现，所以应根据自我发展、社会变迁，以及其他不可预测的因素，主动适应各种变化，及时评估，灵活调整，不断修正、优化自己的职业生涯规划。在调整职业生涯规划的过程中，短期的目标有可能需要调整，目标的重新选择应和长远的人生目标保持一致，使整个规划始终围绕自己的人生目标而展开，过去、现在和未来应有内在的一致性和延续性。

（二）职业生涯规划书的逻辑

1. 分析与综合

分析是在思维中把对象分解为各个部分或因素，分别加以考察的逻辑方法。将规划书的结构确定后，针对每个结构进行具体的分析。综合是在思维中把对象的各个部分或因素结合为一个统一体加以考察的逻辑方法。对分析的结果进行思考后，统一综合起来，形成书面文字材料。

2. 比较与分类

比较就是比较两个或两类事物的共同点和差异点，通过比较能更好地认识事物的本质。根据事物的共同性与差异性就可以把事物分类，具有相同属性的事物归入一类，具有不同属性的事物归入不同的类。通过比较和分类的思考方法，将自身的优势与劣势进行比较分类，从而整理思路，确定目标。分类是比较的后继过程，重要的是分类标准的选择，选择得好有助于发现重要规律。

3. 归纳与演绎

归纳是从个别性的前提推出一般性的结论，前提与结论之间的联系是天然的。演绎是从一般性的前提推出个别性的结论，前提与结论之间的联系是必然的。这种逻辑方法较难掌握，主要取决于个人的逻辑思维能力。

4. 抽象与概括

抽象就是用思维的力量，从对象中抽取它本质的属性，抛开其他非本质的东西。概括是在思维中从单独对象的属性推广到这一类事物的全体的思维方法。抽象与概括和分析与综合一样，也是相互联系不可分割的。抽象的逻辑方法，是大家使用较少的，考验人的基本逻辑思维能力。

（三）职业生涯规划书的主要内容

大学生职业生涯规划书是大学生职业生涯规划的书面化文字阐述，它能让大学生的职业生涯规划一目了然地呈现出来，并且能对大学生的职业发展起到指导和激励作用。大学生职业生涯规划书的主要内容包括：题目、姓名及基本情况介绍、起止时间；职业方向和总体目标；社会政治经济环境分析；对行业、组织制度文化等的分析、自我分析；职业目标的分阶段分析和发展策略、发展路径；自身现状与目标之间的差距、缩小差距的方法及实施方案；规划的评估与调整。

大学生职业生涯规划书一般有四种格式，即表格式、条列式、复合式和论文式。表格式一般只写最简单的目标、分段实现时间和职业发展策略等几项，相对来说比较简单，适用于日常警示；条列式只是对职业生涯规划的主要内容做简单的表述，没有详细的分析与评估；复合式是对表格式和条列式的综合；论文式是职业生涯规划书中最完整的，它对职业生涯规划做了详细、全面的分析和阐述。

大学生职业生涯规划书的主要内容大致分为七个部分：①扉页。包括题目、姓名、基本情况介绍、规划年限、年龄跨度、起止时间。其中规划年限不分长短，可以是半年、三年、五年，甚至是二十年，视个人的具体情况而定。建议大学生职业生涯规划年限为三至五年。②自我分析，其中可以加入基本个人资料。自我分析主要由性格特征、职业兴趣、能力特长、学习风格、职业价值观这五部分组成。③职业探索。职业探索可以从家庭环境、学校环境和职业环境等方面进行分析。家庭环境分析，如经济状况、家人期望、家族文化等以及其对本人的影响。学校环境分析，如学校特色、专业学习和实践经验等。职业环境分析，包括行业分析和职业分析。行业分析，如××行业现状及发展趋势。职业分析，如××职业的工作内容、工作要求、发展前景以及所需要的个性素质、知识技能，如职业资格证等。职业环境分析可咨询专业老师，也可以上网查找。④职业定位，是综合自我分析和职业分析的主要内容，经过分析、思考、归纳、总结得出本人具体的职业定位，是个人宏观的发展目标。⑤撰写行动计划，针对总发展目标，确定具体、细化的目标。⑥评估调整，包括评估的时间、评估的内容。评估的时间为每学期结束时对如上的规划进行评估，当出现特殊情况时，要随时评估并进行相应的调整。评价的内容为职业目标评估、职业发展策略评估、职业发展路径评估、其他因素评估（如身体、家庭、经济状况以及机遇、意外情况的及时评估）。⑦结束语。

（四）撰写职业生涯规划书的注意事项

1. 逻辑严密，重点突出

语言朴实简洁、用词精练准确、行文流畅、条理清楚，这是最基本的写作要求。撰写职业生涯规划书忌大、忌空、忌记流水账、忌条理不清、忌文法不通、忌错别字连篇；忌过于煽情，没有理性分析；忌死气沉沉，没有朝气。在分析阐述规划时，必须紧紧围绕实现职业目标这条主线来展开，体现论述的逻辑性和连贯性。要将重点放在自我评估、环境评估和目标实施上。

2. 信息收集科学、翔实

在进行自我评估时，很多大学生会过于依赖职业测验工具。尽管一些经典的职业测验有很高的信度和效度，但往往缺乏对结果的充分解释，大学生在解读测验结果时也会有一定的倾向性，从而得到偏颇的结论。在进行自我评估时，需要采用多渠道策略，结合测验工具、个人的思考回顾、他人评价等，得到全面、正确的结论。另外，在进行职业环境分析时，也需要通过多种途径来收集资料，如网络、图书资料和从业者访谈等，以保证论证过程的科学合理和结论的真实可靠。

3. 职业目标切实可行

职业生涯目标的设定一定要结合自身特点和情况，不能完全脱离现实。职业生涯目标忌理想化，应择己所爱、择己所长。认清自身的兴趣与能力，能力与社会需求是存在一定差异的，大学生所要做的就是在影响职业发展的诸多因素中找一个结合点，这样的职业目标才会有生命力。职业生涯规划的书撰写是否成功，在很大程度上取决于有无正确、适当以及切实可行的目标。

4. 计划实施重在大学阶段

职业目标的实现一定要在现阶段具有可操作性，是否具有可操作性也是评价一份职业生涯规划书好坏的重要参数。要做到这一点，大学生必须在进行目标分解和目标实现路径的选择上做到有理有据，不仅要突出时间上的并进和连续，还要重视功能上的因果和递进。另外，大学生应将职业生涯规划的重点放在大学阶段，突出体现在首次择业和就业所做的准备工作中。

四、职业生涯规划评估

影响职业规划的因素很多，有很多因素是难以预测的，为了保证职业生涯目标的实现，就需要将职业生涯规划付诸实施并不断进行评估。

（一）评估的方法

职业生涯规划评估的方法主要有五种：①调研法。在职业生涯规划每一个近期目标实现后，要对下一个目标实现的各种条件、因素进行调查、分析和研究，要充分了解、掌握情况的变化，然后及时、准确地修改下一步的计划。②对比法。它主要指的是在进行职业生涯规划时应该多比较、勤思考，好好吸取、学习并分析别人的科学方法和手段，更好地修改自己的职业生涯规划。③评价法。它指的是全方位反馈，也就是要求评价者（包括教师、家长和同学）对被评价者的职业生涯规划进行客观、全方位的评价，然后通过分析、研究他们反馈的信息，得到所需要的信息，对职业生涯规划做出必要的修正。④请教法。要求大学生把自己的职业生涯规划告诉老师、家长和同学，以主动、积极的心态，诚恳地向他们征求看法及修改意见。这样会使大学生从旁观者的角度更加清楚地看到自己的不足，以便更好地修正自己的职业生涯规划。⑤总结法。它指的是大学生要对职业生涯规划实施的过程进行回顾总结，总结从中学到了什么，收获了什么，体会到了什么，有什么领悟等。

（二）评估的注意事项

评估的注意事项主要包括：①适应最新需求。它指的是对职业生涯规划的评估要跟上形势，面对新的变化和需求，要善于发掘潜能，对策略做出相应的改变，使自己的职业生涯规划适应新的环境、新的形势和新的要求。②关注薄弱环节。在大学生的职业生涯中，观念的落后、知识的贫瘠、能力的欠缺和脆弱的心理素质都是实现自我职业生涯理想的薄弱环节。只有时时关注这些薄弱环节，用心提高强化这些薄弱环节，才能更科学、更准确、更全面地评估自己的职业生涯规划。③抓住主要内容。这指的是在职业生涯规划的评估中，大学生要通过优先排序，对那些可能实现这个核心目标的主要策略的执行效果进行重点评估。④找到突破方向。很多时候，在某一点上取得的突破性进展将会改变大学生的整个职业生涯，甚至改变人生。因此，找到这个改变一生的关键点并突破它，在职业生涯中无比重要，是重点评估的对象。

第二节　大学生职业生涯规划方案的制订

一、职业规划阶段划分

职业生涯将贯穿人的一生，这是个漫长的过程。无论正式的还是非正式的，每个人都有职业规划，因为每个人对自己人生目标的实现心里都有一杆秤。但现实生活中的职业规划经常会因受到时间和周围环境的影响而改变。科学地将职业目标划分为不同阶段，具体明确每个阶段的特征和任务，认真做好规划，对更好地从事自己的职业，实现确立的人生目标非常重要。为了真正有效地实现自己的目标，有必要根据不同的任务和目标将职业规划划分为不同的阶段。一般来说，按照年龄来划分个人的职业规划阶段是相对合理的。这样实施起来就有一定的方向和自我约束力，才能更好地实现目标。一般来说，个人职业规划可分为以下七个阶段。

（一）探索阶段

探索阶段是针对学生来说的。这一阶段的主要特征是进入学校深造，掌握基础技能，也是个人性格和兴趣形成的关键时期。能不能将自己塑造成一个人格健全的人，在很大程度上决定了学生以后的成就。因此，学生在这个阶段的主要目标就是发现兴趣，学习知识，掌握工作所需要的技能，同时发展价值观、动机和抱负。

这一阶段的主要任务是学习如何更好地认知世界，树立正确的人生观和世界观。对人生有积极的认识态度，树立做社会有用人才的信念，培养爱祖国、爱人民、爱劳动、爱科学、爱社会主义的思想感情，同时增强自学、自理、自护、自律的能力。学会明辨是非、美丑、善恶，努力追求高尚的道德情操，为将来的人生发展打下一个良好的基础。

（二）准备阶段

准备阶段是针对应聘者来说的。这一阶段是接触社会初步形成职业意向、从事职业技能学习以及等待就业的时期。这个阶段的主要目标是进入职场，找到工作，成为单位或组织的新雇员工。这一阶段的主要任务之一就是确定自己的职业方向，给自己的人生一个准确定位，做一个准确的自我剖析，这就需要充分地了解自我，然后再结合外部环境，选择适合自己的职业，设定属于自己的人生目标，制订人生的发展计划。这一阶段的主要特征是从学校走上工作岗位，这是人生的又一起点，即事业发展的起点。如何起步，在哪起步，直接关系到今后的成败。

（三）选择阶段

选择阶段是针对实习生、见习生来说的。这一阶段是根据社会职业岗位需求以及自己的能力、愿望，做出职业选择的阶段。这个阶段的主要目标是：首先，了解单位并熟悉工作的操作流程，接受组织文化，学会与人相处，并且承担责任，提高和展示技能和专长，迎接工作中的各项挑战，在某个领域掌握技能，尽早在工作岗位上形成创造力和革新精神。其次，树立自己良好的形象，第一印象会对未来的发展产生极大的影响。有些刚毕业的大学生总认为自己的知识文化相当丰富了，到工作单位后不屑于做些琐碎小事，不能给同事和领导留下良好印象，这对初入职场的人来说是一种危险做法，因为工作中的一些小事正反映了一个人的处事态度，于细微处见真知。摆正态度，给自己一个合理定位，对自己未来的发展以及晋升会起到至关重要的作用。因此，这一时期还要认真学习自己做事，争取得到上司和同事的认可，学会面对失败以及处理混乱、竞争和冲突。

（四）适应阶段

适应阶段主要是针对任职者来说的。职业适应阶段是指从业者进入职业角色，履行义务，享受职业角色权利，逐步适应职业岗位要求的时期。对职业环境的适应，主要是指对生产过程、岗位职责、工作制度、人际关系、生活习惯等方面的适应。毕业生从大学校园到职场，都要经历从不适应到适应的心理过程，也是青年社会化不可跨越的必经阶段，对今后的发展与成才将产生重要影响。所以每个人，特别是刚毕业的大学生必须认真地对待自己的职业适应问题。

在职业适应阶段，不仅要做到生理、心理、知识技能和岗位等方面的适应，还要建立和维护良好的人际关系。与学校单纯的人际关系不同，职场中的人际关系也相应变得复杂，刚走上工作岗位的毕业生应该把姿态放低一点，恰当的礼貌往往会赢得好感。在单位努力工作适当地表现自己，积极赢得职场人缘，最大限度地得到上级和同事的认可是必要的。

这一阶段的主要目标除了尽快适应环境外，还包括选定一项专业或进入管理部门，继续学习，保持竞争力，力争让自己在专业领域成为专家或职业经理。

（五）稳定阶段

这一阶段是稳定于某种职业的时期，它占据人的职业生涯的绝大部分。凯瑟琳·克里斯滕森曾表示，工作上的稳定期是职业生涯中的一个自然阶段，但是由于我们通常认为职业发展是一种陡峭的轨迹，所以忽略了这一点。实际上，当职业生涯步入稳定期后也容易发生危机。例如，人们开始把重心从工作转移到家庭、志愿者活动及个人兴趣爱好等方面。人们可能已经开始根据自己的价值观和对成功的重新定义来规划自己的职业道路。当人们步入中年后，可能会产生传承的想法。在这个阶段，人们开始愿意回馈，或许开始培训他人而不是只是关注自己的成就。也就是说，稳定其实也是一种好现象，因为这样的员工可能拥有大量经验知识，他们了解流程，能够与他人分享自己的知识并加以指导。如果人们总是为自己着想，就违背了每家公司都希望发展团队文化的初衷。

（六）衰退阶段

这一阶段个人绩效可能提高，也可能不变甚至会降低。除了少量高层高管职位，大部分人在进入 50 岁之后就逐渐进入职业生涯衰退期，有的人甚至已经退出了全职工作市场，或干脆退休。随着职业能力的衰退与年龄的增长，人们逐渐退出职业市场，如果此时能获得其他精神寄托，那么人生同样是快乐的。

如何让自己在职业生涯晚期或衰退期也取得成功，主要看一个人是否能具有足够的影响力，或者培养其他人生目标以获得精神愉悦。社会上有少数人随着年龄的增长，职业能力也随着增长，这部分人的工作不局限于在本领域内成为带头人，随着阅历与影响力的增长，工作领域也随之扩展，成为跨领域的知名人士，其影响力已超过职业局限而成为某些领域的精神领袖。

这一阶段的职业目标已基本实现或已经到达顶端，此阶段的主要目标是再度评估自己的才干、动机和价值观，进一步明确职业抱负和个人前途，接受现状或争取更高目标的实现与进一步发展，建立与他人的人际关系，学会发挥影响力与指导力，扩大、发展或深化技能，选拔与培养接班人。

（七）结束阶段

继续发展者可以安然处之，生涯开始停滞或衰退者将面临困境，这一阶段的主要目标是学会接受权力的减少、地位的下降，并接受因此而转变的新角色，培养工作以外的兴趣，寻找新的满足感，评估自己的职业生涯，着手计划退休，可从权力转向咨询角色，在公司或组织外部的活动中找到自我的发展与统一。

战略就是一种选择与取舍，每个人所选择的道路不见得会和别人一样。因此，分析自己的需求、长短期目标，并且发觉会面临的阻碍，如自己的知识基础、观念、思维方式、技能和心理素质，制订自己的提升计划，向外界寻求帮助，这些都是有利于个人职业生涯发展的规划。

二、职业生涯规划的常见误区

当前大学生由于种种原因在规划自己的职业生涯时存在许多误区。这些误区对大学生未来的职业发展极为不利，值得引起当代大学生的高度重视。

（一）职业生涯规划意识薄弱

大学生正处于职业探索期，是否具有职业规划意识、职业定位是否准确以及职业能力是否能得到提高，对于大学生的职业选择、生涯发展至关重要。因此，职业生涯规划意识对大学生的职业生涯发展尤为重要。但是，目前很多大学生往往将职业生涯规划简单地等同于职业选择。具体表现为缺乏对职业生涯的基本认识，职业生涯规划意识比较薄弱，常常在面临择业时才匆忙询问老师、家长的意见，希望他们告诉自己该选择哪个行业或者哪种类型的工作。

目前，我国大学生的职业生涯规划意识普遍不强，对自己的职业选择考虑较少，职业发展路径不明确。不过，随着近些年来社会就业压力的增大，就业形势日趋严峻，从社会、学校到学生本人都已逐渐认识到职业规划的重要性，各高校的就业指导中心通过开设大学生就业指导课程和讲座及举办创业大赛等活动，逐步增强了大学生的职业生涯规划意识。

（二）一劳永逸

有些大学生在做规划时花费大量时间和精力寻找"最佳规划"，希望"一次规划，终身受益"，做规划时不会根据变化和较好的时机做出灵活调整。实际上，把握好职业生涯规划的时间，根据各种变化来调整自己的规划安排是必不可少的一环。

（三）不切实际

有的人"为保险起见"，会规划多条发展路径，但路径间缺乏内在联系，而且这些路径的发展方向模糊不清，这势必会导致在实际选择中将犹豫不决，不利于生涯规划的实施。此外，许多大学生在做职业规划的时候，不根据自身实际情况，不能很好地认识自己，如分不清擅长的和喜欢的、分不清业余爱好和职业才能，频繁更改自己的职业规划，对工作认识也不全面。实际上，一个人不可能做出十全十美的职业生涯规划，由于外部环境变化、价值观的改变及自身能力的提高，职业生涯规划需要不断调整、不断创新。职业生涯规划既要有挑战性，又要有可执行性，要切合实际，并对自己有一个可量化的检验标准。

（四）高学历代表高能力

很多大学生认为高学历意味着高能力，意味着高收入，一进大学就准备考研，将大部分时间用在书本知识的学习上，很少为将来的职业考虑，极少参加学校活动和社会活动。这些学生在学好知识的同时却忽视了实际能力的培养，失去了与社会接触的机会。其实学历代表的仅仅是所接收的知识量，而知识的掌握程度和运用能力是需要通过具体实践才能得到提升的。大学生的能力构成要素是多方面的，不单单是学习能力，还有社交、运动、协调、组织等方面的能力。因此，大学生应该从高学历代表一切的误区中走出来，把"知识积累"转变为"职业生涯资源积累"。

（五）把职业规划等同于职业目标和学习计划

大学生制订职业规划的最终目的是实现职业目标。职业生涯规划不仅要确立职业目标和方向，而且要通过目标分解、目标组合的方式清晰表达成功的标准，使制订者获得最大利益。但不代表职业规划就是学习计划，因为最后实现职业目标不仅需要知识的积累，还需要综合技能的提升。

（六）执行上大打折扣

虽然很多大学生制订了自己的职业生涯规划，无论是自觉的还是完成任务式的，至少制订过。但没有把自己的行动与规划真正统一起来，没有认真按照规划去执行。自控能力差是当今大学生普遍存在的问题。一些与学习毫无关系的不良嗜好，如打游戏和网络聊天等吸引了他们更多的注意力，大量时间与精力被耗费。尽管事后也会后悔，但没有采取措施去补救，过段时间又忘了自己的规划。如此反复，使自己的职业规划达不到预期的效果，这对大学生的职业发展很不利。

（七）盲目克隆他人的规划

许多大学生常会借鉴高年级学生的经验，甚至完全克隆他人的职业生涯规划，认为这是一条捷径。殊不知，这样的做法是一种投机的行为，具有盲目性，是过于片面的决策行为。每个人都有不同的特长，这是内在的差异性；每个人所处的外部环境、所拥有的外部条件都是不同的，这是外在的差异性。因此，在规划自己的职业生涯时，考虑自己在性格、特长、学识、技能、智商、思维方式、道德水准、组织管理、协调、人际关系、适应力、创造力等方面与他人的差异，再综合自己各方面的条件制订适合自己的规划，才是最好也是最合理的做法。

（八）缺乏清晰的自我认知

个体的自我认知一般是自己依据自身过去成功或失败的经历，根据外人对自己行为的反应，并把自己的行为和他人的行为进行比较而形成的，它是个体发挥主观能动性的基础。正如成功学大师希尔所言："一切的成就，一切的财富，都始于自我认知。"但在现实生活中，大学生经常自我分析不足，不能正确地审视自己。

许多大学生缺乏对自己准确清晰的认识，没有全面、客观地分析和评价自己的智商、情商、学识、兴趣、性格、爱好、特长、社会关系等个体的基本特点、智能和社会资源，以至于有些大学生只看到自身缺点，心灰意冷，缺乏信心，择业时态度消极，不积极争取，而有些大学生只看到自身优点，趾高气扬，自命不凡，择业时期望过高，好高骛远。这些都使个体不能在知己长、知己短、知己能为、知己不能为的基础上进行职业目标的确定，不能正确地进行职业生涯规划。

在职业生涯规划中，寻找差距非常重要。只有在分析目前的状况与实现目标所需要的知识、能力、观念、心理等方面的差距后，才能采取有效的行动，努力缩小差距，扬长避短，制订合理的方案。然而部分大学生对自己的认识和分析比较极端，过于关注对自身不利的因素，容易低估自己的实际能力。大量研究表明，用同样的时间、精力去弥补自己的缺陷，与用同样的时间和精力去锻炼、提升自己的优势，获得的结果是大相径庭的。所以在职业生涯规划中，过多地纠结于自己的劣势，而忽视自身优势的发挥，不单单是个人资源的浪费，更会耽误自己的职业前程。

（九）对外部职业信息认知不足

据调查，目前大学生了解职业信息主要还是通过间接渠道，如互联网、大众传媒、就业指导课程以及相关讲座等。尽管信息量很大，但大学生不能切身体验职场的真实状态。大学生的社会实践缺乏职业方向性，未能获得有益的职业训练，缺乏对职业的理性认识。不少大学生参与社会实践的方向比较单一，如有的选择兼职，通过做家教、业务员等方式来增加"工作经验"，而不是到一些大企业中去锻炼；有的为了增强就业竞争力，选择考证来增加"筹码"，整天忙着各种各样的考试，而忽视了必要的社会实践；还有的大学生花了大量时间参加各种校园活动，只是盲目地认为"活动"可以代替一切，忽略对就业信息的收集。

职业生涯规划是动态的，但与其相对应的职业发展路径与策略在不遇到突发事件时应该是坚定不移的，应该以原有职业生涯规划为主轴线坚定不移地执行下去。但如果环境与发展路径等发生了变化，就需要对职业生涯规划做出反馈与调整。

（十）职业价值取向有失偏颇

价值取向是指个体在面对或处理问题时所表现出来的基本价值倾向和采取的行动准则。职业选择与发展行为也会受到职业价值取向的影响。随着社会的发展和市场经济的建立，大学生在择业时追求经济利益、追求实惠和功利化的价值取向日趋明显，不同程度地存在挑城市、选单位、讲条件、要福利、讲待遇等非理性的现象。

三、职业目标分解

职业目标分解是一个将目标清晰化、具体化的过程；是将目标量化成可操作的实施方案的有效手段。目标分解就是根据观念、知识和能力的差距，将职业生涯的远大目标分解为有时间规定的长、中、短期分目标，直至将目标分解为某一确定日期可以采取的具体步骤。它帮助大学生在现实环境与美好愿望之间建立起可以拾级而上的路径。职业目标可以按时间和性质分解。

（一）按时间分解

按时间分解是最常用，也是很容易掌握的目标分解方法。通常可以将目标分解为人生目标、长期目标、中期目标和短期目标。

1. 确定最终目标

在经过自我识别定位和职业环境分析，选定了职业路线之后，求职者就会确定一个最终目标，即人生目标。最终目标取决于一个人的价值观、知识储备和能力水平，是对自身条件、社会环境、组织环境等主客观因素进行大量分析之后得到的结果。心理越成熟的人，就会越早确定自己的最终目标，并朝着这个目标努力前进。

2. 将最终目标分解为长期目标（5~10年）

每个阶段都应有一个具体的目标。这个具体的目标的特征是：具备长远目光，符合自己的价值观，与社会发展需求相结合，富有挑战性和创造性，能够用明确的语言定性地描述，在一定时间范围内可行，一经实现会带来巨大的成就感，易于分解操作等。

3. 将长期目标分解为中期目标（3~5年）

中期目标应该与长期目标相一致，具有全局眼光，基本符合自己的价值观，具有创新性、灵活性，能够用明确的语言量化描述。

4. 将中期目标分解为短期目标（1~2年）

与长期目标和中期目标相比，短期目标更要求具备可操作性和灵活性。短期目标一般应具备与人生目标、长期目标相一致，适应组织环境需求，灵活简单，未必与价值观相符但可以接受，具有可操作性，切合实际，确能实现，以迂为直等特征。

（二）按性质分解

美国职业心理学家施恩最早把职业生涯分为外职业生涯和内职业生涯。外职业生涯是指从事职业时的工作单位、职务、内容、工资待遇、地点和环境等因素的结合及其变化过程。外职业生涯的构成因素通常是由别人给予的，也容易被别人收回。外职业生涯发展是以内职业生涯发展为基础的。内职业生涯是指从事一项职业时所具备的知识、能力、心理素质、观念、内心感受等因素的组合及其变化过程。内职业生涯各项因素要靠自己的主观努力才能得到或形成，别人只能是一个助力，而且内职业生涯的各个构成因素一旦取得，就会变成别人拿不走收不回的个人财富。内职业生涯的发展是外职业生涯发展的前提，内职业生涯发展了，外职业生涯自然会提升。

1. 外职业生涯目标

①职务目标。具体、清晰以及明确的职务目标应是专业加职务。②工作内容目标。把在某一阶段计划完成的工作内容详细罗列出来。工作内容目标对于选择了专业技术型发展路线的人格外重要。因为此类型发展路线的人的发展体现为在本专业技术领域取得的成果及相应的职称晋升，所以具体可行的工作内容目标是规划的重点。③经济目标。获得经济收入是我们工作的一大目的，在职业生涯规划中列出收入期望无可非议，但是要结合自己的能力素质，切合实际，大胆规划出一个具体的数字，这个数字将在日后成为重要的激励源。④工作地点目标和工作环境目标。如果对工作地点或工作环境有特殊要求，就要在规划中列出这两项内容，尽可能地根据个人喜好来规划，但切勿太过琐碎，以免影响选择面。

2. 内职业生涯目标

①工作能力目标。工作能力是对处理职业生涯中各种工作问题的能力的统称，如领导能力、策划能力、管理能力、研究创新能力、人际关系沟通能力、与同事协调合作的能力等。②工作成果目标。工作成果是进行绩效考核的重要指标，优异的工作成果不仅能带来荣誉感和成就感，还会铺砌通往晋升之路的阶梯。③心理素质目标。在职业生涯中，只有心理素质合格的人才能正视现实，努力克服困难，追求卓越。为了使职业生涯规划蓝图能够变成现实，就要不断提高自己的心理素质。提高心理素质包括承受挫折、包容他人，也包括在暂时的成功面前保持冷静清醒，做到能屈能伸、宠辱不惊。④观念目标。观念是对人对事的态度、价值观。当今社会是个强调观念的社会，各种各样新的观念层出不穷。这些观念影响着我们的行动，也影响着组织、领导、同事、客户对我

们的态度。随时更新自己的观念，让自己总是站在前沿地带，也是我们规划个人职业生涯的重要环节。

四、明晰职业发展路径

职业发展路径是指一个人明确职业方向后选择通过什么途径去实现自己的职业目标，是向专业技术方向发展，还是向行政管理方向发展。发展方向不同，要求也不同。选择了好路，便易于进入职业发展的快车道。如果没有职业发展的路线蓝图，就容易走错路、弯路，这将直接影响大学生的成就，导致努力、动力和能力不能直接作用于目标，更会产生资源、时间和精力的浪费，在无形中延长实现职业目标的期限。因此，在职业目标确定之后，必须对职业发展路径进行选择，以便今后的学习和工作沿着职业发展路径和预定的方向发展。

往往要经过很长一段时间的探索才能找到适合自己的职业发展路径。对于大学生来说，大学毕业是人生一个重要的转折点，毕业后的生涯路径有很多种可能，如大多数大学生毕业后可能会先就业；部分学生可能会进入更高阶段的学习或者进行其他的进修学习，不急于参加工作或等待时机再就业；而有的学生可能会选择直接创业。这三种去向并不意味着从此就不相干了。先就业的学生将来仍然可能选择重新回到学校继续学业或者接受各种不同形式的培训，或者在条件成熟的时候走上创业之路。继续求学的学生在学习告一段落之后，也仍然会面临就业或者创业的选择。创业的学生也有可能重新进入就业或是接受教育培训的行列。职业发展路径选择的重点是对职业理想、职业能力和职业环境三方面的职业生涯选择要素进行系统分析，并在此基础上确定自己的职业发展路径。

第三节　大学生职业生涯规划方案的实施

一、职业生涯探索阶段

要实施个人职业生涯规划，最重要的是要做好并实施好大学阶段的大学生涯规划。未来有很多不确定的因素，是大学生难以把握和控制的，但是大学生对自己的大学生涯却是可以把握的。把握了现在，把当前的事情做好了，未来职业发展目标的实现也就水到渠成了。

从大学校园的一名学生到作为独立的成年个体加入社会之中，这一人生巨大的变化是每个大学生都必须面对的。埃里克森将这一变化称为"危机"，大学生采取何种方式应对这个不可避免的危机，实际上就取决于大学生如何理性地对自己未来的职业进行规划，以及如何一步一步去完成自己的规划。大学时期正处于职业探索阶段，是职业生涯规划的初期，也是职业生涯发展的关键时期。

探索阶段还可细分为三个时期：一是试验期，15 ~ 17 岁，是综合认识和考虑自己的兴趣、能力与职业社会价值、就业机会，开始进行择业尝试的时期；二是过渡期，18 ~ 21 岁，是查看劳动力市场，或者进行专门的职业培训时期；三是尝试期，22 ~ 24 岁，是选定工作领域，开始从事某种职业的时期。

二、大学生涯阶段规划

大学生涯既需要长远的方向性规划，又要有阶段性的具体打算，应针对不同年级的任务和特点，有侧重地去规划，为以后的就业或继续求学打好基础。

（一）探索期

步入高校的大一新生，有了学生与成年人的双重身份，对所有的事情都感到新奇。新的环境、新的同学、新的学习和生活，无不吸引着他们，需要他们去了解和适应。大一学生应对大学四年的学习生活有一个初步的认识，并合理设计大学生活，认清自己将来所要从事的工作和自己的不足，进而设立学习目标、确立职业目标。

这一阶段的目标是职业生涯认知和规划，具体的实施方案是：第一，转变由高中生到大学生的角色，重新确定自己的学习目标和要求。第二，要开始接触职业和职业生涯的概念，特别是要重点了解自己未来所希望从事的职业或与自己所学专业对口的职业，进行初步的职业生涯设计。第三，熟悉环境，建立新的人际关系，提高人际沟通能力，在职业方面可以向高年级学生，尤其是毕业生询问就业情况。第四，积极参加各种各样的社团活动，掌握交流、沟通技巧。第五，在学习方面，要扎实学好专业基础知识，加强对英语、计算机技术的学习，掌握现代职业者所应具备的最基本技能。第六，如果有必要，为可能的转系、获得双学位和留学计划等做好资料收集及课程准备，为将来的就业选择打下良好的基础。第七，大学第一年主要是基础课的学习，学习的任务相当繁重，重要的是找到适合自己的有效学习方法。

另外，无论学哪一个专业，第一年都要特别重视 10 种能力的培养：①个人能力的培养。主要是学习能力的培养，必须学会主动学习。要注重基础课的学习，因为它包含发现问题和解决问题的能力、逻辑推理能力、形象思维能力、演绎归纳能力；要学会独立处理人际关系，学会交流与沟通；要学会尊重自己、尊重他人，还要学会忍受寂寞与孤独，要有意识地培养自己独立生活的能力。②个人兴趣的培养。大学是改变自己的第一站，是人生的一个转折点，应静下心来思考。大学第一年必须要完成由被动型学习向主动型学习的转变。要实现这种转变，就要主动地去读书，去掌握新的知识，开阔自己的视野，完善自己的知识结构。现在的大学教育比以前已有了长足进步，现代化的教学手段及网络的广泛应用为大学生的兴趣培养创造了良好的外部环境。兴趣将打开通往理想之门，成为学习的动力。③计划性的培养。现在的大学生大多是独生子女，在大学之前所受到的都是家庭无微不至的保护，独立性及自主性都相对较弱。因此，要学会制订计划，包括生活计划、学习计划和日常活动计划，从而约束自己的随意性，使学习和生活变得有规律。④养成调查研究的习惯。对于很多事情，我们看到的只是表象，并未真正了解实情，这就导致我们的情绪主观性的东西多一些，想象的东西多一些，人云亦云的色彩多一些。因此，为了探究事物的真相或本质，大学生要学会调查研究。⑤培养处理危机的能力。危机，不论是大还是小总是时时伴随着我们，它就像我们人生的多项选择题，选对就向前迈出一步，选错就成为挫折。对于意志坚强的人而言，亲身经历的挫折越多，教训也越多，意志也就越发坚强，从而不断走向成熟。因此，大学生需要学习处理危机的方法，从心理上有一个接受挫折的准备，在日常生活中注意心理素质的培养，逐步提高自己的心理承受能力。当挫折在不经意中来临时，不至于惊慌失措。⑥培养理财的能力。"财"在这里有两个含义：其一资财，每个大学生进入大学都涉及资财的管理，其二学艺，大学一年级也正是大学生"买艺"的开始。只要大学生努力学习，不断提升自己的能力，当 30 岁左右具备了"学历高、身体好、心态稳、经验足"的特点时，就可以享受一下"将艺卖钱"的快乐。因此，必须具备理财的能力并在实践中自觉地运用。⑦表达能力的培养。表达能力表现为语言表达能力和文字表达能力。要想让别人知道自己的能力，就必须用大家可接受的方式展现出来，而展现效果主要取决于表达能力。培养表达能力的方式有多种，如各种演说、各种社交活动以及各种内外交流等。⑧适应能力的培养。适应能力表现出的是大学生的生存能力。此外，还包括自我控制能力，缺乏自我控制能力就会迷失方向，就会对职业兴趣朝三暮四，就会对任何事情缺乏热情。⑨学会认输和放弃。大学生要学会认输和放弃，这也是心态平衡的重要方面之一。⑩学会欣赏。欣赏不仅是欣赏艺术品，还包括自我欣赏及欣赏他人。大学生应该学会欣赏美丽背后的艰辛，学会欣赏他人的努力，更要学会自我欣赏，但不是"孤芳自赏"，这也是心态平衡的重要方面。

上述能力的培养是基础能力的培养，而这些能力的具备需要花费相当的心血，需要不断地积累。与此同时，大学生也要初步接触和了解职业就业状况，接受有关职业规划的理念，逐渐形成自己的职业生涯规划，特别是要了解自己所希望从事的职业或与自己所学专业对口的职业，了解各类职业的素质要求，对自己将来选择何种职业有所准备。

（二）定向期

一年级大学生在经过一年大学生活的磨砺之后，渐渐会回归到现实中来。大学生应该着重夯实和拓宽基础，分析自身优势和局限性，进行自我完善和塑造，进一步探索并确认职业目标。大二学生的职业目标尚处于发展和待调整状态，因此，这一时期的第一目标是培养与提升大学生的通用技能和基本素质。思想品德素质是指要有正确的人生观、世界观和价值观；科学文化素质是指拥有扎实的文化基础才拥有踏上工作岗位的敲门砖，大学生在校期间务必要学好专业基础知识，同时拓宽自己的知识面；身心素质包括学习能力，分析、解决实际问题的能力，组织协调能力，应变与沟通能力，以及良好的心理素质等。

这一阶段的目标是初步确定毕业去向及相应能力与素质的培养，具体的实施方案是：第一，认识自己的需要和兴趣，确定自己的价值观、动机和抱负。第二，考虑未来的毕业去向（深造或就业）。第三，通过参加学生会或社团等组织，培养和锻炼自己的领导组织能力、团队协作精神，同时检验自己的知识技能。第四，可以开始尝试兼职并参加社会实践活动，最好能长期坚持从事与自己未来职业或本专业有关的工作。通过兼职和参加社会实践可提高自己的责任感、主动性和受挫能力，并从不断的总结分析中得到工作经验。第五，增强英语口语和计算机应用能力，通过英语和计算机的相关证书考试，并开始有选择地辅修其他专业来充实自己。

（三）准备期

大学三年级进入找工作的准备阶段。此时，必须确定是否要深造，如果不需要继续深造，就应该将目标锁定在工作申请及成功就业上。随着课程的减少和社会接触的范围越来越广，大学生要努力通过实践的机会增加自己的社会阅历和经验。从实用角度出发，对求职技巧、面试方法、企业招聘经验、创业思路、团队精神等进行培训和学习，以提高技能和实际操作与运用的能力，增强人际交往能力和求职要领的把握能力。

这一阶段的目标是掌握求职技能，为择业做好准备，具体的实施方案是：第一，在加强专业知识学习的同时，考取与目标职业有关的职业资格证书或通过相应的职业技能鉴定。第二，了解搜集就业信息的渠道，向学长、学姐了解往年的求职情况，学习撰写简历、求职信的方法和技巧。第三，了解相关行业和企业的情况。如果准备出国留学或考研，应先了解相关留学信息和学校信息，然后开始做准备工作。

（四）冲刺期

这一阶段的目标是成功就业，具体的实施方案是：第一，深入了解相关行业和企业信息，再次评估自己的职业选择是否明智。第二，强化求职技巧，进行模拟面试训练等。第三，积极参加各类招聘活动，向用人单位提交简历，参加用人单位组织的面试等。第四，积极利用学校提供的条件，了解就业指导中心提供的用人公司的资料信息。第五，感受、体验社会大环境中的酸甜苦辣，对自己的能力、薪资期望和心理承受度等有一个准确的定位。第六，通过岗前技能培训，进一步认识自我，探讨工作选择和职业发展，为即将从事的工作积极搜集信息和材料，探索所有可能的机会，实现由"校园人"到"社会人"的转变。

第四章 大学生的大学生活与职业准备

我国正处于经济由大向强、由"中国制造"向"中国智造"迈进的关键阶段，产业规模扩大化、专业精细化的发展趋势日渐明显，对技术技能人才的质量提出了更高的要求。面对当前日益激烈的就业竞争，必须将训练和培养大学生做好跨入社会前应有的职业准备作为当务之急，提到学习与生活的议事日程上。大学生作为我国技术技能人才的主要群体，应该主动适应时代需求，在校期间为职业生涯的顺利发展做好准备。本章分为认识大学生活、大学生的职业准备两部分，主要内容包括认识所学的专业、认识大学生活对职业发展的影响、观念准备、心理准备等。

第一节 认识大学生活

一、认识所学的专业

（一）进行专业探索的原因

每年高考招生咨询时，总会遇到一些考生家长问："你们学校什么专业最好？什么样的专业是好专业？"其解释"学生喜欢读的、想读的专业"就是好专业并不行，因为高中生还不知道什么是专业，什么是自己喜欢的，什么专业是自己想读的。最终，不得不采用中国式的标准来回答这个问题："经济学、金融学类的专业好！"这样回答至少有两个好处：第一，这些专业就业相对较容易，也就符合家长心目中好专业的标准。第二，这些专业大多录取分数较高，会将大部分想咨询同样问题的家长拒于门外，招生者也就乐得轻松。高考两个多月后，学生已经进入一所"好"或者"不好"的大学，学着一门热门或者冷门的专业。但是，学生真的了解自己所读的这所大学吗？学生真的了解自己所

71

学的这门专业吗？除了以上不明所以就轻易将未来托付给一个专业的学习原因外，大学生探索所学专业还有以下原因。

1. 加深对自己的了解

成长中的很多错位、不适合就是因为对自己的不了解而导致的错误选择，因为不了解自己，而选择了自己不喜欢的专业和学校，因为对自己不了解，导致大学漫无目的地虚度。在专业探索中，可在专业及其所决定的职业上，了解到自身真正的兴趣是什么，真正的期望是什么。

2. 有效地学习感兴趣的专业

找到了自己喜欢或者可能喜欢的专业，知道日后要做的工作需要学习什么专业，那就可以有针对性地学习。但每个专业的学习思路和学习资源是不一样的，经过专业探索后就会明确如何有效地学习一个专业。其努力和钻研的动力就不仅仅是奖学金，更是为了实现日后的目标。

3. 明确专业和目标职业间的差距

其实专业是直接对应职业的，但很多学生，尤其是没有经过专业探索的学生不知道专业对应着什么职业，更谈不上了解职业的要求了，而经过专业探索后，就可以很快进入职业探索流程，更重要的是为寻找专业和职业间的差距做了很好的准备。

4. 明确本专业毕业后的就业出路

大学生不能学了多年专业课程后还不清楚自己的专业毕业后能从事什么工作，经过专业探索后就会知道本专业的日后就业出路。如果这些工作都不是自己喜欢的，那就没有必要再进一步学习专业，而要全力学习自己想做的工作所要求的专业。

5. 明确自己是否喜欢或适合本专业

大学期间如果努力学习一个自己不喜欢或者日后用不着的专业，那毕业后的回报就是零，看似充实的大学生活其实对未来的工作、理想并没有充分而有针对性的准备，这会直接导致大学生毕业时所学非所做，所做非所能，专业和工作的不对口就产生了。通过专业探索，可以明确自己是否喜欢或适合现在所学的专业，如果不喜欢就抓紧时间探寻自己喜欢的专业，不在自己不喜欢的专业上投入太多时间和精力，确定自己可能喜欢的专业。

6. 正确认识专业与职业之间的关系

专业是社会职业需要与学科知识体系相结合的产物，专业与职业关系密切。

专业设置与调整反映了社会职业的需要，专业在促进职业专业化方面发挥着重要作用。首先，专业是选择职业的重要依据。社会分工和劳动组织内部的劳动分工交互发展，决定和制约着现代社会的职业发展，劳动分工越细，专业化程度越高，职业也就越多，所以说它们都是社会分工的结果。社会分工体现在经济、社会领域就是职业，体现在学习领域就是专业。学生毕业时通常是以一种职业身份进入社会的，所掌握的专业知识使其成为某种行业的专才。而要具备相应的专业知识与能力，除了在工作岗位中学习外，进入相应的专业接受专门训练也是一种非常有效的方法。大学的专业教育可以使大学生接受 3~5 年的专门培养，使其比较快并且系统地掌握相应职业所需要的专业知识与专业能力。因此，在确定未来职业发展方向时，还需要考虑自身所学的专业。专业与职业之间并不存在严格意义上的一一对应关系。其实，大学里所学的专业，将来能够进入的职业领域是非常广泛的。其次，专业与职业不能一一对应。职业的数量远远多于专业。不一定每一种职业的从业人员都要接受过高等教育，但有相当一部分职业需要由接受过高等教育的人来从事。把每个专业可能对应的职业或行业称为专业口径。一个专业可对应一种职业也可对应多种职业，专业对应职业种数多，表示专业口径大，该专业的适应性很强，但针对性就较差。专业口径小，表示专业对应行业或是岗位的针对性很强，但适应性就较差。

（二）专业探索的时机

以下所述的时段都可以进行专业探索，不同的阶段有不同的任务。大一入学时。这个时候进行专业探索，目的是更加有效地规划大学生活，而这个时候做专业探索也是最好的，因为有充足的时间，当自己还是一张白纸时是最容易接受一些专业常识的。大二迷茫时。经过大一的混沌后，尤其是在学习了专业课后，善于思考的学生就会对专业产生疑惑，这时也是进行专业探索的一个好时期。大三实习时。大三实习时进行专业探索，实际上是验证自己的专业选择是否正确和是否真正学到了专业知识，同时也是为毕业后的升学和求职做准备。

（三）专业探索的内容

当学生根据自己的兴趣、性格、学科特长、父母的意见等大致确定一个专业范围后，学生应对自己意向的专业进行深入的了解。大致而言，可以从以下几个方面对一个专业形成较为全面的认知。

1.专业的课程设置

了解一个专业的最佳方式就是了解这个专业将会学习哪些课程。查阅这些信息可以使用百度等搜索引擎，也可以浏览目标学校官方网站的人才培养栏目。通过了解专业设置的课程，便可以分析自己高中所学科目与该课程的关联度。大学的课程一般分为公共基础课程、专业课程和选修课程等几大类别。公共基础课程一般包括：大学英语、高等数学、计算机应用基础、体育、大学生职业生涯规划、军事理论等课程；专业课程，如行政管理专业的基础课包括政治学、管理学、行政学原理、行政法学、行政组织学、地方政府学、公共政策分析等专业主干课程；选修课程则多为通识课程，是培养学生综合素质的，很多学校规定每个学生在校期间，要分别完成一定学分的人文社会科学类选修课程和自然科学类选修课程。

2. 专业的培养目标

每个专业都有特定的人才培养目标和培养要求。通过培养目标，大学生可以了解到经过大学三四年的学习之后，将成为什么样的专业人才，掌握哪些专业技能以及具备哪些专业素养。

以会计学专业的培养目标为例。专业培养目标：培养具备管理、经济、法律和会计学等方面的知识和能力，能在企事业单位及政府部门从事会计实务以及教学、科研方面工作的工商管理学科高级专门人才。专业培养要求：要学习会计、审计和工商管理方面的基本理论和基本知识，受到会计方法与技巧方面的基本训练，具有分析和解决会计问题的基本能力。毕业生应获得的知识和能力：掌握管理学、经济学和会计学的基本理论和基本知识；掌握会计学的定性、定量分析方法；具有较强的语言与文字表达、人际沟通、信息获取能力及分析和解决会计问题的基本能力；熟悉国内外与会计相关的方针、政策和法规及国际会计惯例；了解本学科的理论前沿和发展动态；掌握文献检索、资料查询的基本方法，具有一定的科学研究和实际工作能力。这里会计学专业的培养目标明确了该专业毕业生应当具备的知识和能力以及将来的就业方向。专业培养要求对学生应当掌握的专业知识和技能进行了进一步讲解，而且通过对比可以看出，学生应当具备的知识和能力是与专业课程相关的，如"掌握管理学、经济学和会计学的基本理论和基本知识"，对应着管理学原理、经济学原理、会计学等专业课程，"掌握会计学的定性、定量分析方法"，对应着统计学、微积分、概率论、线性代数、成本会计课程。

3. 专业的就业前景

无论学习什么专业，无论学习某一专业到达什么学历层次，最终都必然要走出校园，走上就业岗位。由于行业的发展阶段不同，每个职业的人力资源供求关系不同，所以有众多因素影响着各个专业的就业前景。在分析就业前景时，大学生都特别注意有关热门专业与冷门专业的问题。所谓热门专业，是指报考热度较高、就业情况和就业质量在一般意义上较好的专业，如软件工程、财务管理、会计学、通信工程等专业都是历年高考志愿填报的热门专业。所谓冷门专业，是报考热度不高、就业形势相对而言较为严峻的专业，如历史学、生物技术、生物工程、社会学、思想政治教育等专业。但需要注意的是，热门与冷门并不是不变的。例如，法学专业始终是每年考生报考的热门专业，但其就业前景同样不容乐观。对于热门和冷门专业，学生要从行业的趋势、自己的兴趣方面来进行甄别，即使是冷门专业，只要是自己喜欢的、适合的、擅长的，将来的就业也就不存在问题。

4. 专业就业学历等要求

不同专业对应的职业领域有不同的准入门槛。部分职业对任职者的专业知识要求较高，在招聘时较为注重学历。因此，学生在选择专业时，也应充分考虑到将来就业时学历和实际经验的要求。

二、认识大学生活对职业发展的影响

丰富多彩的大学生活为大学生的成长提供了广阔的空间。进入大学后，学生的生活发生了很大变化，在学习上，老师不再像中小学老师那样一节一节地讲课，而是一次课程有可能就要讲一章的内容，这要求学生有足够的自学能力才能够适应；在时间安排上，不再是所有时间都由教师和家长为学生安排好学习内容，而是有一定的时间留给学生自由支配，这需要学生具有一定的时间管理能力；在目标设定上，不再是家长和教师帮助学生设定下一步的目标，而是学生自我设定……大学生的这种自我管理、自我教育、自我成长，使得学生在校期间快速地训练提高自己的各种职业发展能力，为事业发展奠定良好的基础。大学生活中的专业学习、社会活动和课外兼职都是学生自我探索、自我规划、自我成长的有效途径。大学生专业技能的培养和训练主要依靠专业学习，特别是专业性非常强的，如软件开发师、数学教师、物理教师、各类工程师等职业的专业技能。通用技能和自我管理能力，如沟通、策划、创新、组织、写作、目标管理、时间管理等能力，不仅会在专业学习中不断提高，还会在社会活动和课外兼职过程中得到提升。

（一）专业学习对职业发展的影响

在收到大学录取通知书的时候，学生都会被告知录取到了哪一个专业，那么，为什么大学生要在某一个专业进行学习呢？专业学习会如何影响未来的职业发展呢？

由专业的定义不难发现，大学的任务是培养某一方面的专门人才。现代社会分工越来越细，要求工作者的知识和技能也越来越精准。专业根据社会分工设计课程，使得专业毕业生更加符合职业发展的要求。大学生进入一个专业学习会将大学阶段的精力集中在某一种专业能力的提升上，这样更加有利于目标职业的内职业发展能力的提升。职业的专业性和技术性也要求从业者具备一定的专业技术知识和技能，知识的积累和技能的提高，有赖于系统地学习和训练。大学的每一个专业都有其独特的培养方向和目标，进入一个专业进行的课业学习是大学生在有限的时间内，对某些职业所需要的知识进行系统学习的过程，也是专业技能培养的过程。因为每一个专业的课程设置是独特的、培养过程是独特的，所以不同专业培养出的毕业生都有其特有的就业方向。例如，汉语言文学专业的毕业生的从业方向可能是作家、诗人、编辑、记者、教师等；美术专业毕业生的从业方向可能是绘画工作者、广告设计工作者、装潢工、服装设计师等。任何一项工作都需要工作者具备相应的专业知识和专业技能，工作者在工作中是否具备高度的专业性直接关系到工作的成效和组织的发展。大学期间专业学习的过程是大学生为将来的职业发展积累专业知识、训练专业技能的过程，也是大学生完成作为"学生"这个身份本职工作的过程。这个过程的积累直接关系到学生工作后对本职工作的胜任程度，也直接关系到其职业发展的质量。所以，大学生在大学阶段非常重要的一项任务就是根据专业计划和自己的职业生涯发展计划，高效利用学校资源和社会资源，学好专业知识，提高专业技能，为今后的职业发展做好专业技能的准备。

（二）社会活动对职业发展的影响

现在的大学生在择业时虽然已经有了一定的知识积累，但并不等于有了各类岗位所需要的应用能力。大学生在完成学习任务的情况下，应提高自己适应社会需要的实际应用能力。从某种意义上讲，这些能力比知识更重要，这就要求大学生在校学习期间，在全面掌握专业知识和其他有关知识的基础上，必须加强专业技能的培养和智力的开发，特别是在学习书本知识的同时，积极参加社会活动。社会活动是大学生职业准备的最佳选择。近年来，随着高校扩招，每年毕业生人数都在增加，可是每年都有 25% 的人不能顺利就业。其原因除了职业岗位不足以外，还有一个是毕业生的社会活动经验欠缺和能力不足。所以，学生在认真学好专业知识的同时，必须重视社会活动，积极参加社会活动，在实践中完善自己的知识结构、丰富自己的实践经验、培养自己各方面的能力。现代社会对求职者的要求越来越高，学校为学生提供的社会活动也越来越丰富，如社团活动、志愿者活动、社会调查、社会实践、创新创业活动、课外兼职等无不培养着学生的团队精神、领导能力、创新创造等能力，同时也帮助学生更好地了解自己的职业兴趣，提高职业发展能力。

1. 社会活动是大学生增强价值感和使命感的有效途径

在象牙塔里长大的大学生，往往将注意力集中在自己的成长和利益得失上。社会是怎样的？社会需要大学生承担怎样的责任？当代年轻人如何才能承担起中华民族复兴的伟业？大学生大都是在书本上、在课堂上进行讨论，但是真正承担社会责任需要的是能力。大学生通过社会活动，可以对社会进行深入调查，了解当代中国国情、当代中国社会的发展、当代社会的主要问题，并以主人翁的态度对待和解决这些问题，从而增强自身的责任感和使命感，激发自身的学习动力。现在的大学生多是在书本知识中成长起来的，对我国的国情、民情知之甚少，社会活动则为他们打开了一扇窗口。大学生暑假的"三下乡"活动，就是很好的社会活动。

2. 社会活动是大学生进行自我探索与发现的有效途径

社会活动能让大学生发现自己的兴趣和爱好，有利于确定今后的择业方向和事业目标，实现自我的价值。许多大学生通过在校时的社会活动，发现了社会的需要，找准了自己的位置，出校后找到了理想的工作。社会活动是大学生了解社会和进入社会的一把钥匙，也是他们开启事业成功之门的一把钥匙。换言之，大学阶段的成长关系到大学生就业创业的质量。大学生对于自己喜欢做什么工作、能够做什么工作以及大学期间要为今后做什么样的准备这些问题回答得越清楚、时间越早，就越有时间和机会为将来做充分的准备，实现"未来，为我而来"。大学生在参加社会活动时可以根据活动的内容、性质、效果以及工作中自己的感受来进一步探索与发现自己的职业发展方向，从而更好地规划今后的大学生活。这种探索与发现可以具体回答四个问题：第一，我参加这项活动的感受是怎样的？第二，这项活动做得好的地方的过程哪些？还有哪些地方可以更好？如何改进？第三，在参加这项活动的过程中我表现出了哪些能力？我还需要锻炼哪些能力以便让自己做得更好？第四，如果让我一直做这样的工作,我愿意吗?这四个问题的回答可以有效地帮助学生思考自己的职业定位和能力提升问题。

3. 社会活动是大学生提高职业发展能力的有效途径

知识转化为能力需要经过实践的锻炼,行动才能创造成果,大学生的能力需要在实践活动中锻炼提高。通过对以上四个问题的回答,学生能进一步明确自己的成长方向,在此基础上的社会活动,可以支持学生有意识地将所学理论运用到实践中。同时,社会活动中的问题解决过程也促进了学生自信心、团队精神、沟通能力、创新能力和领导能力等职业发展必备素质与能力的提升,实现大学生在实践中的不断成长,全面提高大学生的就业创业能力,从而实现大学生的顺利就业、成功创业。

现代社会中的任何一个人都不是孤立存在于世界上的,在工作中更是如此。团队成员的自信水平决定了团队成员之间的协调与配合;团队成员的专业技能决定了工作的速度,同时也直接影响着工作的最终成果。任何一项工作都对其工作者有专业技能和通用技能两个方面的基本要求,职业发展不但需要专业知识基础上的专业技能,同时也在团队能力、自信水平、协调能力等通用技能方面对工作者提出了相应的要求。社会活动不但实现了学生的专业知识向专业技能的转化,同时也促进了其职业发展和通用技能的提升。例如,活动计划的制订可以提高一个人的策划能力和文案能力;活动的执行可以锻炼一个人的组织、协调、沟通、控制能力;活动中突发事件的处理可以锻炼一个人应对冲突和压力的能力。同时,社会活动有利于增强大学生适应社会、服务社会的能力。在活动中大学生动手、动脑、动嘴,直接和社会各阶层、各部门的人员打交道,不仅培养和锻炼了实际的工作能力,而且由于可以在工作中发现不足,能及时改进和提高,完善了知识结构,能更好地适应社会的需要。

(三)课外兼职对职业发展的影响

如果说专业学习和社会活动可以帮助学生全面提升职业发展的专业技能和通用技能,为就业和创业打下良好基础的话,那么,课外兼职则可以让学生接触社会、了解社会、了解职业、理解职业,为之后进入职业社会做好心理和工作技能上的准备,帮助学生进行职业定位、职业生涯规划,全面提高就业创业的能力。

1. 课外兼职是大学生进行职业定位的有效途径

大学生对自己进行的职业定位需要从社会现实出发,但是,由于大学生没有接触过职业社会，对于职业的认识几乎是空白的。当教师问到"你喜欢什么职业"时，经常会出现"我喜欢逛街"这样的职业兴趣探索答案；当教师提出喜欢逛街所对应的职业，即导购员的时候，却又会得到"不愿意做导购员"的回答。课外兼职可以让学生在兼职工作中体会"这份工作带给我的收获是什么"以及"我喜欢这份工作中的什么元素""我喜欢怎样的工作"，所有这些问题的回答可以让学生进一步明确自己的职业发展方向和目标。同时，在课外兼职的过程中可以通过对职业社会中诸如就业政策、工作环境、生活环境、行业发展等方面的考察，为自己的职业发展进行准确定位。学生也可以通过回答四个问题帮助自己：第一，我愿意长期从事的工作是什么？第二，我愿意生活的地区是哪里？第三，我愿意在哪个行业工作？第四，要找到我理想的工作，我需要做哪些准备？这四个问题的回答可以让学生清楚自己想要的工作和生活，也可以清晰地看到自己下一步的成长方向，这是大学生活中自我规划和成长的基础。

2. **课外兼职是大学生提高专业能力的基础**

课外兼职不但有利于大学生对理论知识的检验、转化和拓展，还能培养大学生运用知识解决实际问题的能力。大学生在课堂上学到的理论知识非常重要，但它往往难以直接运用于现实生活之中，而课外兼职则使大学生接近了社会和生活，使他们能够把自己所学的理论知识与实际现象进行对照、比较，把抽象的理论知识逐渐转化为认识和解决实际问题的能力。大学生在进行职业生涯规划的过程中需要了解自己和职业目标之间的关系。课外兼职过程中学生对一系列问题的思考，有助于学生发现自己和所喜欢工作之间的距离，发现自己喜欢的工作和所学专业之间的关系，从而对自己进行合理的规划并行动，提高职业生涯规划能力。学生同样可以通过回答四个问题帮助自己：第一，我喜欢的工作和我的专业是怎样的关系？第二，我喜欢的工作需要我具备怎样的知识、技能和工作态度？第三，我现在具备的条件距离喜欢的工作还有哪些差距？第四，我下一步应如何行动以满足社会对职业人的要求？一系列问题的回答会让大学生逐渐清楚自己下一步的成长方向，提高职业生涯规划的实效性。

3. **课外兼职是大学生顺利就业的有效途径**

课外兼职还可以考验大学生的修养品性，并且有利于培养大学生的组织协调和创新能力。课外兼职是一种教育活动，是有中国特色的社会主义高等教育的一个有机组成部分。我国高等学校的目标是培养社会主义事业的建设者和接班人。这样的人才，不仅要有坚定正确的政治方向、坚实的科学文化基础，还要有实际动手能力。大学生就业是一个双向过程，这个过程不但需要学生有足够的专业知识和技能，还需要学生发现这些知识和技能在社会发展中的价值。学生在与社会互动的过程中找到自身能力与社会需要的结合点，并愿意满足社会的需要，就业才有可能发生。课外兼职可以让学生更加直接地发现社会对人才的需求；可以直接让学生发现自己与社会需求之间的距离并主动成长；可以让学生直接与用人单位建立联系；可以让用人单位更加直接地考查求职者⋯⋯所有这一切都是大学生顺利就业的必备基础。课外兼职可以分为以下三种形式。

第一种形式：生涯影子。根据自己的职业理想找到一个相应岗位的职业人做他（她）的影子，看他（她）如何工作，如工作内容是什么？每天都在处理一些什么事？如何处理的？工作中用到哪些工具？在观察中同时思考：在工作中对方表现出了怎样的能力？这些能力的培养需要哪些知识作为支持？对于一些自己力所能及的事在需要的时候给对方以帮助，在对方有时间的时候与其讨论对工作的感受以及对在校大学生的建议。低年级或者初次进行课外兼职的学生对工作还不熟悉，一切从零开始，生涯影子是比较适合他们的课外兼职形式。

第二种形式：助理。根据自己的职业理想找到一个相应岗位的职业人做他（她）的助理，以助理身份帮助其处理事务。在工作中不仅要看对方如何做，还要在自己亲自参与处理事务的过程中体验对这份工作的感受，明确自己的知识和能力与这份工作的关系，以及自己的成长方向和目标。助理兼职工作比较适合有一定兼职经验的学生。

第三种形式：顶岗实习。根据自己的职业理想找到一个相应的岗位进行顶岗实习。在工作的过程中进一步观察自己与职业之间的关系：我真的喜欢这份工作吗？我喜欢什么样的组织文化？这个组织的文化我喜欢吗？我如何与领导和同事相处？如果从事这份工作，组织为我提供的职业发展路径是怎样的？我对自己的职业生涯如何规划？顶岗实习这种兼职方式比较适合基本上符合岗位要求的学生，希望得到这份工作，提前到单位实习以便提前接受组织的考验，为今后的入职做准备。

三、认识雇主看中的教育背景

当毕业生开始求职的时候，企业会对求职者的教育背景有所要求。雇主一般主要在以下方面有所要求。

（一）学位（文凭）

文凭是证明能力的基本条件，通常来说，学位越高，就代表求职者对专业知识和技能掌握得越深入。学历的筛选是企业经常使用的方式，但学历并不是职业生涯成功的唯一标准。我国的大学生在大学中几乎有三分之一的时间花费在各种证书考试上，如英语（四级、六级）等级证书、计算机等级证书、会计从业资格证、人力资源师证书等。很多企业会要求求职者有一些特殊的技能证书。

（二）学位专业

这是我国家长和学生考虑最多的问题。但实际上很多公司并不关注求职者大学的时候到底学的什么专业。中国的大学生对自己所学专业的选择大多是非理性的。根据《中国青年报》的调查，仅有 13.6% 的学生表示在报考志愿时了解所选专业，67.0% 的学生并不了解。67.9% 的学生承认，自己在报考专业时是"盲目的"。而就业的时候，一半以上的学生所从事的职业与其所学的专业并不对口。专业能够提供的是求职者大学期间所学的课程，尤其是与求职者所申请的职业相关的课程。

（三）学位学校

我国的高校有"985""211""双一流"等多种，这显示了学校的人才培养质量和学科发展情况。如果求职者从这类学校毕业，表明求职者接受了较好的教育。当然，当下中国的企业对学校的名气只是进行附带的考虑，更看重的是个人的成就。

（四）学位奖项

大部分学校都会提供各种各样的奖项和荣誉，从文艺活动到体育运动各个类别，这表明求职者的课外生活经历丰富。除完成规定课时的学习之外，求职者所接受的各种类别的专门技能培训对求职者找工作非常有帮助。例如，求职者如果接受过人际交往能力、职场礼仪、办公技能等专项的能力训练会直接获得雇主的好感。最后需要提醒的是，应届生经常把教育背景看成自己最大的优势，但实际上大部分雇主并不认可。所以，一个人即使没上名牌大学，即使没有优秀的学习成绩，仍然会有雇主发现其有价值的地方（技能、经验、性格和兴趣等）。

（五）学位奖学金与学位专业排名

奖学金代表求职者的学业成绩很优秀，学习能力很强。部分奖项如"社会工作专项奖"则表明求职者有丰富的社会实践和学生工作经验。学位专业排名可以让雇主对求职者的学习成绩有所了解。专业排名靠前的学生往往比排名较后的学生更有竞争优势，但排名靠后并不代表一名学生没有机会获得这个工作。

（六）学位成绩（GPA）

成绩表面上是让雇主对求职者的知识掌握程度有所了解，成绩的背后实际上是求职者良好的时间管理能力、精神上的自律、良好的学习能力等。但是成绩优秀在中国可能主要证明求职者的记忆力很好，求职者需要进一步证明的是其思维能力、解决问题的能力、创新与创造能力。

第二节　大学生的职业准备

一、观念准备

大学生的就业观念准备，将影响其择业取向、择业过程中知识与能力的展示等，观念准备是求职择业准备工作的首要部分。

（一）就业观念准备

1. 竞争就业观

目前，大学生的就业压力较大，树立正确的就业观，才能合理择业。第一，要有竞争意识。全国每年有数百万的高校毕业生就业，从 2011 年到 2019 年，毕业生人数由 660 万人增加到 834 万人。再加上考研、考公失利者以及归国求职的海外留学生加入求职大潮，就业市场竞争的激烈可想而知。同一个岗位会有很多求职者，若想获得工作，唯有竞争。缺乏竞争意识，就难以顺利就业、理想就业。第二，要增强竞争实力。竞争实力是综合素质的体现，包括思想素质、心理素质、知识结构、能力水平、实践技能、应聘技巧等，是个人竞争的"资本"。所以，大学生要练好"内功"，凭借实力赢得用人单位的肯定。第三，要保持良好的竞争心态。参与就业竞争的大学毕业生，要保持良好的就业心态，增强接受失败的心理承受能力。就业受挫时，应积极设法寻求新的机遇，努力争取下一次就业竞争的成功，逐步实现自己的职业理想。

2. 自主就业观

大学生要树立自主就业观，主动求职择业，通过多种渠道获取就业信息，经过信息遴选确定应聘单位，做好材料准备，积极应聘。大学生要态度积极，不要放过任何一个适合自己的机会。

3. 动态就业观

就业是一个动态过程，就业后也可能失业，面临再就业，然后通过合理流动，找到最适合自己的工作，发现最能施展自己才华的岗位。因此，大学生要树立动态的就业观，积极参与竞争，实现自己的人生价值。

（二）更新职业观念准备

进入职场的大学生，面临着不同的学习成长环境，要做好更新职业观念方面的准备，即转变在校园内养成的学习成长习惯和观念，融入新的环境氛围。为使学生正确认识更新职业观念的重要性，有必要对大学校园的学习和企业中的工作之间的区别进行简要分析。首先，大学文化和企业文化不同，具体表现在以下几方面：①在大学时间安排是有弹性的，学生可以很自由，而在企业是固定的时间安排，它有时间规定。②在大学学生可以选课，但是在企业员工是不能旷工的。③在大学有长假和自由的节假休息，在企业没有很多假期。④在大学对所有的问题都有正确答案，但是在企业很少有问题的正确答案。⑤在大学教学大纲可以提供学习的任务，学生要做什么都非常明确，但是在企业，工作任务是会变化的，而且它模糊、不清晰，员工经常要应对这种变化。⑥在大学更多的是分数上的个人竞争，在企业是对团队的业绩来进行评估。⑦在大学奖励有客观性的标准，但是在企业更多的是以主观性的标准和个人判断为标准。所以要从学生向社会人、职业人转化，就一定要拿企业的文化和大学文化来对应。其次，大学的学习过程和工作的学习过程也是不同的。具体表现为：①大学的学习是抽象性的、理论性的，但是工作的学习更多是具体问题具体解决。②在大学更多的是一种正规的、结构性的和象征性的学习，但是在工作中是以工作中发生的临时性事件和具体真实的生活为基础的。③大学的学习更多的是个人化的学习，在工作中是社会性的学习。因此，大学生要做好更新职业观念的准备。

通过以上分析可以得知，大学生要想更好地融入企业工作，完成人生角色的转变，首要的内容就是更新与完善自己的职业观念。而想要实现职业观念的更新并使其与时俱进，有赖于学习观念的更新，并且一定要具备八种学习观念，分别是：终身学习观念，活到老学到老；自主学习观念，自己是自己学习的主体，始终以积极态度来对待学习；素质学习观念，强调把做人做事联系在一起；责任学习观念，把自身的学习和社会的发展紧密联系在一起；学会学习观念，强调学习者在学习实践中自觉地去摸索和研究；社会学习观念，学习不仅是个人的事情，还是集体的事情；实践学习观念，就是理论联系实践的观念；创新学习观念，在于突出和强调学习的创新品质。这八种学习观念并不是彼此孤立的，而是相辅相成的，因此，人们要有意识地去培养这八种学习观念，从而实现职业观念的不断更新，最终获得自身职场专业领域相关能力的提升。

二、心理准备

心理准备是求职择业过程中重要的准备工作，心理准备的效果会直接影响求职择业过程中个人水平的发挥。心理素质的强弱是求职者在面试中成败的关键性因素之一。在求职择业的过程中，大学生要面对陌生的环境、陌生的人及未知的问题，难免会觉得不安、惶恐和焦虑。这时，只有具备健康的择业心理，才能应付自如。因此，大学生在面试前要保持良好的心态，既不能妄自菲薄，也不能自高自大，要充满自信，迎接面试的挑战。

（一）大学生要认识并接受社会现实

毕业生要在求职择业前从宏观上了解国家的有关政策，了解正在实施中的改革措施及存在的问题；从微观上了解自己的专业、相关的用人单位及岗位的要求。要客观看待问题，不能只是研究、评价、批评、指手画脚，而要接纳和适应社会现实。

（二）大学生的职业期望要恰如其分

良好的择业心理要有恰如其分的职业期望，期望水平越高，实现起来越难，失败的可能性就越大。所以，确定适合自己的期望水平是择业心理准备的重要内容。影响求职择业期望水平的因素主要包括：①择业目标的适当性。一个人的择业目标要与本人具备的实力相当或者接近，这样就会加大择业目标实现的可能性。②社会压力和从众心理。毕业生处在择业的洪流中，他们的期望水平会受到其他择业者期望水平的影响。虚荣心和侥幸心理会使他们改变原有的自我期望，而采取不切实际的从众行为。③择业者妄自菲薄和夜郎自大的情绪。妄自菲薄是典型的自卑情绪，这种情绪往往导致期望水平过高或过低。期望水平过高者是想通过求职改变处境；期望水平过低者放弃择业的自主权，听天由命。夜郎自大是典型的清高自傲情绪，这种情绪往往导致期望水平居高不下，屡战屡败，最后筋疲力尽，失去了最佳时机，甚至放弃了谋职择业的主动权。④良好的心理承受力和忍耐力。求职择业的过程不是一帆风顺的，择业者有时投师无门，择业无路，择业过程非常漫长。在这种情况下，择业者要有一定的承受力和忍耐力。常言道：镇定是力量的源泉，急躁是无能的表现。毕业生要临危不乱，遇难不退，用镇定去承受，赢得时间，用忍耐去争取机会。

（三）大学生面对挫折的心理准备

挫折是指一个人从事有目的的活动时，由于受到阻碍而使目的无法达到、需要无法满足。毕业生初出茅庐，社会知识匮乏，社会经验不足，求职技巧生疏，受挫折是很正常的。大学生要正确认识挫折，寻找战胜挫折的方法。首先，在努力提高求职竞争力的同时，也要合理地认识自己取得的成绩；其次，力争得到他人的支持和帮助。

三、知识准备

建立专业知识结构。当今社会，各种知识浩如烟海，各学科相互交叉，科学技术突飞猛进，一个人要掌握所有的知识是不可能的，当然，也是没有必要的。在这种情况下，如何去学习各方面的知识来为自己的职业生涯发展服务？解决这个问题的关键在于是否建立和形成了合理的知识结构。也就是说，现代职业岗位要求求职者是具有合理知识结构的人。求职择业的大学毕业生和在校学生，应该充分认识到合理的知识结构在选择职业和就业中的重要作用，根据社会的需求塑造自己，用丰富的知识充实自己，根据人才市场需求构建合理的知识结构。知识准备和能力准备是求职择业的硬件准备，也是大学生对自身条件的准备，同时，知识和能力也是用人单位选择人才的重要依据。认真做好求职择业的知识和能力准备，加强自身硬件条件的建设，是求职择业的重要筹码和依据。知识是用人单位选拔人才的重要因素。对于大学生来说，知识准备可以从专业知识和非专业知识两个方面着手。

（一）专业知识的准备

大学生的专业知识是大学生求职择业的最大资本。大学生通过大学期间的学习，掌握了相关的、系统的专业知识和一定的专业技能，基本成为某个专业的人才。对于用人单位来说，在选择优秀大学生的时候，专业的"专"是用人单位所考虑的重要内容。所谓"专"，就是指专业知识有相当的深度，有良好的基础，所以，大学生应该从进校起就努力学好专业知识，不仅要提高自己的实践技能，还要不断学习本行业的最新知识。

（二）非专业知识的准备

所谓的非专业知识是对大学生所学的专业知识以外的其他知识的统称。非专业知识包括：公共知识、生活常识、社交礼仪、求职面试技巧等，它也是用人单位选人的重要依据。

四、能力准备

能力是指能够直接影响活动效率，使活动顺利完成的个性心理特征。在大学生的各项素质中，能力是用人单位最看重的，也是决定求职能否成功的重要因素。大学生的能力准备应包括以下几方面。

（一）基础能力的准备

基础能力是指为了就业而应当具备的基本能力，包括大学生在校期间所学的专业知识能力和外语、计算机的应用能力。扎实的专业基础理论知识是学生进入就业市场的基本技能。此外，随着经济全球化的发展，英语和计算机的应用能力也已成为大学生参与就业的必备技能。大部分用人单位在招聘时对应聘者的英语和计算机水平都有明确的要求，还有部分地区把应聘者的英语和计算机水平作为人才引进时进行考核测评的重要依据。而大学生为了更好地掌握专业知识、正确运用知识，也必须努力学习英语和计算机知识，学会利用网络获取各类有用的信息，不断提升自己的综合素质，更好地为社会服务。

（二）实践能力的准备

大学生的实践能力直接决定着工作能否顺利完成，因此，用人单位一般对大学生的实践能力有较高要求，一些眼高手低、只有知识而没有实践能力的应聘者是不受用人单位欢迎的。大学生应该创造并珍惜实践的机会，多看、多学、多练、多思考，培养自己的实践能力。实践能力的培养可以有多种途径，如可以从事社会兼职活动、多参加实习活动和技能培训、考取相关职业资格证书等，从而拓宽就业渠道，提高实践能力。

（三）沟通能力的准备

沟通大致可分为语言沟通和非语言沟通两大类。其中，语言沟通是主要的方式，包括口头语言沟通和书面语言沟通；非语言沟通，包括衣着、表情、神态、姿态、动作、距离等，非语言沟通也常被称为身体语言。影响沟通能力的主要因素有：语言的使用、心理状态、观念的差别、角色的错位、沟通的环境及沟通的方式等。

沟通能力在就业活动中具有重要作用，因此，大学生应该重视沟通能力的培养，提高沟通效能，应从五方面入手：第一，要站在对方的角度考虑问题，这是有效沟通的前提。第二，要了解、掌握对方的情况，做到心中有数。第三，要提高语言能力，争取熟练使用语言这个沟通工具。第四，要注意非语言沟通，它有时会取得意想不到的效果。第五，要用合理的沟通方式，对于同层级的人员，最好采取横向沟通方式，对于有上下级隶属关系和等级差别的人员，最好采取纵向沟通方式。

（四）表达能力的准备

表达能力包括语言表达能力和文字表达能力。语言和文字是人与人之间最重要的社交工具，在日常学习、工作和生活中的作用无可替代。所以，表达能力是用人单位重要的考核内容。一般来说，用人单位对应聘者表达能力的基本要求是能用准确、流畅的语言讲述事实和表达观点，能够撰写计划、总结、调查报告、公函等文书。对于表达能力，大学生应根据自身的具体情况，有针对性地进行准备。

（五）决策能力的准备

决策能力就是独立处理问题的能力，因为一个独立处理问题的过程，其实就是一个决策的过程。良好的决策能力对于处理问题非常重要，在就业活动中，决策能力往往也是用人单位要考查应聘者的一个方面。大学生的决策能力涉及个人的知识、性格等多个方面，一般来说，短期内有明显提高比较困难。下面来讲述决策的流程和方法。

1. 决策的流程

决策是指为实现一定的目标或解决一定的问题而制订行动方案并优化选择的过程。对于一个特定的问题，决策一般包括以下环节：第一，问题分析。这是决策的第一步，也是决策的前提，只有对问题进行了正确的分析，才可以进行方案的拟订和最后的决策。第二，目标确立。目标指的是确定最后希望达到的效果。有了目标，决策活动才有方向。第三，方案拟订。同一目标的实现往往有多种方案，通过对不同途径和步骤的排列与组合，可以拟订数种备选行动方案。第四，方案评估。对备选行动方案的可行性和后果进行综合分析与比较，权衡每一个方案的利弊得失。第五，方案选择。从备选行动方案中选定最后要执行的方案。

2. 决策的方法

（1）排列组合法

排列组合法是指将工作任务分解成数个阶段逐步完成，再针对每一个阶段设计数种解决方案，然后，将阶段和阶段解决方案进行排列组合，从中选择最优方案实施。此方法比较适合一些可以分阶段完成的任务，但是比较烦琐。

（2）方案排除法

方案排除法是指排除一些不合理的选项，逐步减少方案，最后在剩余的少数方案中选择。例如，在选择用人单位时，大学生可以从地域、行业、职业、薪酬等方面将不适合、不理想的用人单位排除，从而确定准备进一步联系的用人单位。此方法适合具有平行性、多属性的任务，方法简单，而且选择结果的满意度较高。

（3）角色互换法

角色互换法是指站在另一个角度（尤其是对方立场）进行思考，这种方法是对正常决策思维的补充，而且在有对方（反对者）时能够起到一定的协调作用。例如，应聘者站在用人单位的角度审视自己。

（六）应变能力的准备

应变能力也可以理解为处理突发事件的能力。在紧急情况下，如果事态得不到迅速控制，后果可能不堪设想。这就要求应对者具有一定的应变能力，要临危不乱和快速决断。在就业活动中，部分单位由于工作需要，也会针对应变能力提一些问题，或设计一些和应变能力有关的场景，大学生对此也应该给予必要的关注。一些处理紧急事件的常规方法及步骤：第一，迅速控制事态源头。事件的突发性意味着没有过多的时间用于事前准备，要快速介入，稳住事态，防止事态向不好的方向继续发展，尽量将其影响控制在源头处。第二，打破常规，积极应对。对于用常规操作难以解决的问题，可以尝试打破常规思维，采取非常规方法进行应对，这样往往能获得立竿见影的效果。但是，这也要承担一定的风险。应对者应该权衡利弊，快速决断。第三，做好善后处理。及时总结经验教训，平时多进行一些预防性的准备，对提高应变能力也有帮助。

（七）适应性能力的准备

学习适应性的定义有很多，国内学者大多援引周步成等主编的《学习适应性测验手册》上的表述，学习适应性是指个体克服困难取得较好学习效果的倾向，即学习适应能力。具体到大学生的适应性能力来说，是指大学生在获取工作任务后，如何去执行的一种综合性能力，它包括思维能力、语言表达能力、实际操作能力、适应社会的能力和人际交往能力等。

大学生学习适应性能力的准备，可以从以下四方面入手：第一，提高大学生学习的主动性。要对大学生进行入学教育，解释和说明大学的学习特点，转变他们的学习观念，使其学习从被动向主动转化，采用灵活多样的方式激发他们的学习动力，培养他们主动探索的精神。第二，提供好的学习环境。学校应该加强制度建设，严格管理，形成良好的学术氛围。第三，构建支持系统。构建以家庭和学校为核心的社会支持网络以及以师生关系和同学关系为核心的学校支持系统。第四，利用团体心理咨询培养大学生的学习适应性。团体心理咨询是一种人际交往，在咨询员的参与下，团体中各成员共同探究问题，尝试修正态度和认知观念，涉及心理取向、情感净化、相互信任、相互了解、相互关心。

（八）创造性能力的准备

创造性能力是指大学毕业生通过发挥自己的主观能动性，在具备适应性能力的基础上，不断提升工作水平的综合性能力。它包括组织管理能力、创新能力。

1. 组织管理能力

组织管理能力是指在组织群体活动时，能为一个共同目标奋斗，按照明确的计划，充分发挥个人的积极性，协调地进行工作，并达到预期目的的能力。在现代社会中，对人才的基本要求之一就是要具备一定的组织管理能力。不是每个大学生毕业后都会从事管理工作，但每个人在将来的工作中都不同程度地需要组织管理才能，组织管理能力不仅领导干部、管理人员应当具备，其他专业人员也应具备。近年来，毕业生中的党员、学生干部普遍受到用人单位的欢迎，其重要原因就是用人单位看重毕业生的组织管理能力。

2. 创新能力

创新能力是各种智力因素和能力因素在新的层面上融为一体、相互制约所形成的一种合力，它是在多种能力发展的基础上，利用已知信息，创造新颖独特的具有社会价值的新理论、新思维、新产品的能力。它包含多方面的内容，如强烈的好奇心、细微的观察力、深刻的洞察力、大胆设想勇于探索的精神以及提出问题、研究问题、解决问题的能力等。对大学生而言，如果没有一定的创新能力，安于现状，不思进取，就无法应对将来激烈的市场竞争。因此，大学生在学习专业的同时，要有意识地培养和提高自己的开拓创新能力，以应对将来社会和职场的各种挑战。

（九）逻辑思维能力的准备

逻辑思维能力是指正确、合理思考的能力，即对事物进行观察、比较、分析、概括、判断、推理，采用科学的逻辑方法，准确而有条理地表达自己思考过程的能力。用人单位经常会考查应聘者的逻辑思维能力。这种考查不是考核逻辑专业知识，而是考核应聘者对各种信息的理解、判断、分析、综合、推理等日常工作和生活的逻辑思维能力。即使有些大学生不具备相关的专业知识，但仍然有较强的日常逻辑思维能力和运用能力。逻辑思维能力的考查通常以笔试的形式出现，毕业生应该有所准备。

五、材料准备

大学生求职择业的材料准备是非常重要的，其材料主要在自荐的过程中使用，所以也称自荐材料。自荐材料主要有两种，一是介绍性材料，二是证明性材料，介绍性材料包括求职简历、自荐信，证明性材料包括各种证书及其复印件。一般来说，自荐材料的准备应遵循以下几项原则。

（一）直指目标的原则

毕业生准备自荐材料的目的很明确，就是就业。所以在准备自荐材料的时候必须紧扣就业主题，凡是有利于就业的各种材料，各种组织编写的方法都可以加以运用，准备材料的时候要注意突出目标，一些修饰性信息的使用要得当，修饰性信息一定不要影响主要的信息。

（二）企业需要的原则

自荐材料应根据大致的就业意向以及行业、岗位或单位特点进行撰写。要做到有针对性，做到知己知彼，针对不同情况分别写出的自荐材料最适宜。否则，即使再好的自荐材料，也没有太大的实用价值。

（三）灵活多变的原则

为每一个招聘单位准备一份自荐材料，既没有必要也绝无可能。只要把能代表自己真才实学、能力、素质和水平的情况体现出来，只要需要，无论什么样的企业都会选中自己，而不必在材料上反复组织和取舍。这就要求毕业生在准备自荐材料的时候，要想办法增强材料的普适性，以求随机应变。

（四）实事求是的原则

诚信是毕业生立足社会的根本，自荐材料的真实性是求职者的生命线。一旦被发现弄虚作假，就会失去理想的就业机会，即便参加了工作，上司也不会轻易委以重任。自荐材料属于实用说明文，就业目的明确，切不可过分追求文笔超脱、言辞华丽，以致本末倒置，使结果适得其反。所以，自荐材料的信息一定要真实具体，不能弄虚作假，也不能模糊不清。

（五）与众不同的原则

自荐材料从形式到内容，皆是求职者创造性和想象力的展示，要充分展示自己的个性特征，使自己的自荐材料具有他人不可取代的独特性。一些用人单位常常被一些创造性强、独具匠心的自荐材料所吸引，才决定进行面试和录用。自荐材料虽然要体现独具匠心，但不要太花哨，以庄重、朴实为宜。

六、就业信息准备

第一，获取就业信息的方法。包括行业优先法、地域优先法、志趣优先法、网络获取法。第二，就业信息的获取渠道。包括学校推荐、各地人才市场及就业招聘会、互联网新闻媒体、各种社会关系、实习实训单位、中介机构等。第三，了解应聘企业信息。"知己知彼，百战不殆"，在面试前应收集面试单位的资料，如单位的规模、性质、开办年月、产品项目、年营业额、人事制度、企业文化、在行业中的排名等，在面试中适时应用会得到企业的关注。现在各单位都有自己的网站，信息收集方便快捷，很容易将自己打造成一个用人单位的"内部员工"，从而提高求职者面试的成功率。第四，了解求职岗位信息。面试前，毕业生应对求职岗位信息有一定的了解，如岗位名称、任职条件、工作内容、基本工作流程及岗位对能力的要求，可有针对性地回答问题。

七、职业化意识准备

职业意识主要体现为三个过程，就是"视而后见，见而后思，思而后识"，即看到、听到，就能想到、悟到。职业行为就是一个人了解它以后就能用，用完之后能够有所感悟，在"悟"后就能有所创新，它更多的是一种表现，是一种行为反应模式，简单而言就是指我们能用到、做到、悟到。职业意识和职业行为是可以相互转化的，因为有这样的意识，所以才有这样的行为，因为有行动，又提高了意识，从而又有新的行为。职业心态不是一天就能养成的，它需要我们从小开始有意识地去培养，所以对于大学生来说，在大学，在完成学业的同时，一定要增强自信心，一定要提高自我效能感。从职业化意识来说，要让自己进入职场后，能够更加职业化，更符合用人单位的要求，主要应从四个方面努力：第一，职业化精神。也就是一个人的态度、信念、精神、敬业和进取，这些会从一个人的一言一行中透露出来。第二，职业化心态，这是必备的特质，每个人都愿意和阳光积极的人在一起，不喜欢和不太阳光的，整天牢骚满腹的，怨声载道的人在一起，因为他的负面情绪会影响到周围的人。第三，职业化的习惯，它是成败之本，也就是我们一定要形成一些好的习惯，一个穿着很随意，做事情经常丢三落四的人，领导绝对不会把重要的任务交给他，在各个方面不会对其委以重任，所以要从入职开始，注意良好行为习惯的养成。第四，职业化形象。每个人都应该找到适合自己的职业化形象。

八、个人形象准备

个人形象是一个人仪容、表情、举止、服饰、谈吐、修养的综合体现。要想在面试时给人留下良好的印象，依靠的绝不仅是偶然的缘分，也不仅是刻意的模仿，更重要的是应内外兼修，同时注重个人内在的品位。

（一）关于穿着

这一内容是指穿着要朴素简洁、大方得体。在求职面试活动中，恰当的服饰会给人留下良好的第一印象。一个人无论以什么身份在社会上活动，在服饰方面都要有起码的要求，即得体、整洁。所谓得体，是指人们应根据自己的身材，选择最合适的服装。服饰选择要与场合、环境、季节以及自己的角色相统一。整洁是着装服饰很重要的一点，穿衣整洁卫生、干净利索，能给人以精干、文明的印象。大学生求职面试时，在服饰方面要注意朴素大方、庄重整洁，着重突出职业特点，同时要符合社会大众的审美观，不要穿奇装异服，不能摆阔气，尽量不要穿戴奢侈品。

（二）关于行为规范

首先，站姿，即站立的姿势。站立时，要挺胸收腹抬头，双目平视，身体立直，两肩舒展，双臂自然下垂，两手可交叉在腹前，也可以将右手放在左手上。但切忌站立时东倒西歪或躬腰驼背。其次，坐姿，即坐着的姿势。入座时，动作要轻盈、平稳、从容；切忌慌张或用力。入座后，坐姿要端正，上身挺直，两腿并拢，双手自然放在腿上，显得沉稳大方，不要前俯后仰，更不要抖动跷起的脚。起身时，动作要轻，不要猛地一下站起来。最后，走姿，即行走的姿势。走姿可以显示出一个人的身体状况、精神风貌和性格。行走时应抬头挺胸，两眼平视，自然摆动双臂。"言为心声，行为心表"。美好的行为是美丽心灵的表现。要做一个成功者，就应规范自己的言谈举止。

（三）关于谈吐和言语

一个人的谈吐是其形象的直接反映。闻其声，不必见其人，就可以推断一个人的形象。面试时展现良好形象的说话方式是：讲普通话，避免地方口音；发音吐字清晰，男士发音要强而有力，女士发音要柔和悦耳；语调表达抑扬顿挫，情绪饱满；声音清晰，停顿干脆；语言简洁清楚明了；音量恰当，快慢适中。不应有的说话方式是：语音沙哑，粗糙刺耳；说话急促，慌乱不安；声音过大，语速过快；声音过小，吞吞吐吐；语气平淡，气氛沉闷；声音倦怠，语速过慢；口齿不清，含糊其词。

（四）关于自我形象的设计

爱美之心人皆有之。然而，造物弄人，上天给予每个人不同的容貌和身材，似乎在出生那一刻就有了美丑之分。于是，很多人把自己的不完美归罪于上天，认为自己在追求美的道路上始终矮人一截，进而失去了自信心。大学生要坚信：世上本无美丑之分，每个人都有属于自己的独一无二的优点和气质，面试时的个人形象设计要根据所应聘职位的特征，选择适合的形象，要与社会文化保持一致，反之，就会被排斥。

第五章　大学生的自我认知与职业素养

大学生是国家的新生力量，是未来社会的中坚力量。在瞬息万变的经济环境下，企业对人才的需求不再局限于扎实的专业知识与技能，而是更看重其入职后的适应能力与职业素养。由于大学生具有独特性，在自我认知上有幼稚性和片面性，在职业素养方面，易出现自立与抗挫能力较弱，社会实践经验不够丰富等问题。本章分为大学生的自我认知、大学生的职业素养两部分，主要包括大学生的自我认知概述、大学生的个性与职业兴趣概述、大学生职业素养概述、大学生职业素养的培养概述等内容。

第一节　大学生的自我认知

一、大学生的自我认知概述

（一）自我认知的概念

全面的自我认知是进行职业规划的基础。自我认知是对自己各个方面的深入了解与再认识，是对自身资源进行整理与发掘的过程。自我认知帮助我们认识心理动力、性格特征、价值观等，并把这些发现有机地融入未来的职业选择中，引导我们走入职业生涯发展的快速通道。自我认知包括：第一，生理自我。自己的相貌、身材、穿着打扮等方面的特点和习惯。第二，心理自我。自己的性格、兴趣、能力、气质、意志等方面的特点及优劣。第三，理性自我。自己的思维方式、思维习惯、道德水准、情商等方面的特征。第四，社会自我。自己在社会上所扮演的角色，在社会中的责任、权利与义务、名誉、他人对自己的态度以及自己对他人的看法。这四个方面涉及的因素很多，应重点分析自己的性格、兴趣、能力以及情商。

（二）自我认知的重要性

1. 自我认知有利于大学生找到更多与职业的结合点

很多大学生能将自己与未来职业联系起来的结合点就是所学的专业。这给大学生造成的最大困扰，就是能够找到的就业机会太少，而且这样的机会并不一定是自己感兴趣的，无形中增加了对未来职业生涯的恐惧感和无力感。自我认知通过增加认识自己的切入点，帮助大学生从心理上拉近与职业的距离，让大学生意识到，除了所学的专业，自己还可以在其他方面与多种职业相互联系，可以有更多的职业供其选择，并非只有一条独木桥可走。拓宽了发展思路，大学生的就业压力就能得到缓解，也更愿意为踏上自己喜欢的职业路径而努力付出。

2. 自我认识有利于大学生增强自信心，提高心理素质

在成长过程中，有的大学生会产生"我一无是处，尽管努力也是徒劳"的错误认知。在和"别人家的孩子"相比较的教育方式下，大多数大学生都存在自信心不足的情况，少部分大学生甚至有严重的自卑心理。在就业过程中，还会使大学生被动，抱着"等、靠、要"的消极观念，增加就业困难。自我认识能帮助大学生客观看待自己的各个方面，既要看到不足，又要看到优势，修正长期以来形成的认识偏差。通过自我认知，将大学生的注意力引导到自身的优势资源，如性格中的优点、能力、潜能等方面，让大学生重新审视自己，得出合理的评价，消除长期以来对自己的负面印象，帮助大学生增加不断尝试挑战的勇气，唤醒心中沉睡的狮子，通过证明自己的能力来增强自信心，提高心理素质。

3. 自我认识有利于促进大学生自我成长，激发大学生的潜能

发现自己的优点、能力、特长是自我认识的第一步，在此基础上，还需要将这些优势与职业目标相结合，通过实践来证明自身价值，增强自信心和价值感；同时，将各方面的条件与职业要求相比较，更能促进大学生对自己形成客观的认识，发现亟待提升的能力与个性中需要完善的地方，使自我成长有目标、有计划地进行。在面对具体的职业要求、工作任务时，大学生容易找到并量化自己的不足，激发出学习知识、技能，解决问题，体现自身价值的动机，在较短时间内提升综合素质。通过这样的方式，激发大学生在自学、自我成长、解决问题等方面的潜能，让大学生体验到成长中的成就感与乐趣，促进大学生的自我完善。

（三）自我认知的方法

1. 心理测评法

心理测评法是指应用多种心理测评问卷进行测试，可以根据自己的兴趣选择有针对性的问卷进行测试。例如，认识职业兴趣可以使用霍兰德职业兴趣测试等。心理测评法的优点是：可以针对自我意识中的某一个方面进行了解，结果简单明了、直观，容易接受。测试呈现量化的结果，不同受测者的结果易于进行对比分析。其缺点是：部分问卷使用时需要专业人员指导、解释，不利于非专业人员使用。问卷的结果仍然会受到某些无关因素的干扰，结果所反映的内容可能会偏离实际。

2. 他人评价法

他人评价法可以邀请与自己较为熟悉的亲人、师长、好友、同学等人，从不同的方面对自己进行评价，操作方法、要求与自我评价法相同。如果能得到多份他人评价的结果，将帮助我们从更多的角度看待自己、分析自己，从而有效地提高自我认识的程度。

他人评价法的优点是：信息来源广泛，对自己的观察角度更丰富，得到的结果更全面。对自己越熟悉的人，给出的结果越深入。其缺点是：评价的结果可能受评价者"讨好"心态的影响，更多地描述优点，有意忽略缺点，造成对自己的认知偏差。不同评价者的结果不容易进行定量比较。

3. 自我评价法

自我评价法是最简单易行的方法，即通过自己回答有关问题来认识自己、了解自己的一种方法。但需要注意的是测试题目，必须是心理学家经过精心研究设定的，而且个人在回答时一定要反映自己真实的想法。通常可以用"我是……的人"这样的方式对自己进行描述，尽可能地描述出自己的个性特征，无论是优缺点，还是中性的特点都可以；避免描述显而易见的客观事实，如性别、身高等。描述的内容越多，自我认知的程度越深，在应用自我评价法时，至少要求描述自己的25个特征，因此，这种方法也叫"二十五问我是谁"。自我评价法的优点是：准确、深入，具有个性化特征，可以从结果中看到一个完整的、活灵活现的自我形象，可以从评价结果中看到自己是自信还是自卑的人，以及自己对人和事的态度是否具有积极取向等。其缺点也较为明显：评价结果容易受到评价时的情绪状态、对结果的信任程度等因素的影响，不同对象的评价结果不容易进行定量比较，评价结果更适合进行定性研究等。

4. 橱窗分析法

橱窗分析法是一种借助直角坐标的不同象限，来表示人的不同部分的分析方法，它以"别人知道"或"别人不知道"为横坐标，以"自己知道"或"自己不知道"为纵坐标。运用橱窗分析法进行自我分析，主要是要了解"潜在我"和"背脊我"。了解和认识"潜在我"是自我认识的一个非常重要的内容。了解"潜在我"的主要方法有：积极性暗示法、观想技术法、光明思维法等，具体可参阅有关潜能开发方面的书籍和材料。对于"背脊我"，则要求个人有诚恳的态度和博大的胸怀，真心实意地去征询他人的意见和看法，有则改之，无则加勉。

二、大学生的个性与职业兴趣概述

（一）气质的自我分析

1. 气质概述

气质是指在人的认识、情感、言语、行动中，心理活动发生时力量的强弱、变化的快慢和均衡程度等稳定的动力特征，主要表现在情绪体验的快慢与强弱、表现的隐显以及动作的灵敏或迟钝方面，所以它为人的全部心理活动表现染上了一层浓厚的色彩。它与日常生活中人们所说的"脾气、性格、性情"等含义相近。人的气质是先天形成的，受神经系统活动过程的特性制约。气质是人的天性，没有好坏之分。它只给人们的言行加上某些特征，不能决定人的社会价值。气质不能决定一个人的成就，任何气质的人通过努力都能在不同实践领域中取得成就，也可能成为碌碌无为的人。

2. 气质与职业的关系

气质会对工作效率、工作质量产生明显的影响，如粘液质的人动作反应稍慢，但准确性高，这一类型的人在处理需要快速反应的工作时，工作效率不高，而且工作质量也将受到较大的影响，甚至可能导致粘液质的工作人员产生挫败感。因此，在确定职业目标时，应将自身的气质类型特点作为考虑的因素之一，尽可能做到职业需要与气质类型特点相一致，在工作中尽可能地发挥气质类型的优势，避免经常将气质特点的劣势暴露于工作场景中。

（二）性格的自我分析

1. 性格概述

通常形容一个人的性格会使用"外向、内向、活泼、安静"等词语。心理学家对于性格有不同的定义，但其中有两个基本概念是一致的，即独特性与特征性模式。性格表现为人对现实的态度和相应的行为方式中比较稳定的、具有核心意义的个性心理特征，是一种与社会联系最密切的人格特征，在性格中包含许多社会道德含义。性格体现了人们对现实和周围世界的态度，并表现在人们的言谈举止中，主要体现在对自己、对别人、对事物的态度和所采取的言行上。每个人的性格使得自己有擅长的一面，也有不擅长的一面，这并没有好坏之分。如果能找到合适的环境，让我们能发挥自己的长处与优势，那么我们会对自己充满信心，取得良好的成绩；相反，如果环境让我们做不擅长的事，我们会感到不快乐，有很大的压力，而且对工作没有任何的帮助。如果我们能知道自己性格的优势与不足，并使之与职业相匹配，就能帮助我们成为卓有成效的工作者。

2. MBTI 介绍

MBTI 是帮助我们了解性格的有效工具。迈尔斯·布里格斯类型指标（MBTI）表征人的性格，是由美国的凯恩琳·布里格斯和她的女儿伊莎贝尔·布里格斯·迈尔斯制定的。该指标以瑞士心理学家荣格划分的 8 种类型为基础加以扩展，形成四个维度，这四个维度就是四把标尺，每个人的性格都会落在标尺的某个点上，这个点靠近哪个端点，就意味着这个人有哪方面的偏好。MBTI 是得到大量研究结果支持的心理测评工具，它有较高的信度和效度，用途非常广泛，如自我探索、职业生涯规划、人才选拔、团队建设、管理培训等领域。MBTI 通过四项二元轴来测量人在性格和行为方面的喜好和差异。这四项二元轴分别为人的注意力集中所在和精力的来源：外向和内向；人获取信息的方式；人做决策的方式；人对待外界和处世的方式：感知和直觉、思考和感觉、判断和知觉。

（三）兴趣的自我分析

兴趣是力求认识、探究某种事物或从事某项活动的心理倾向。我们通常所说的"喜欢做某事"，其实就是兴趣的外在表现形式。兴趣以需要为基础，由对事物的认识和获得在情绪体验上的满足而产生，是我们为从中获得乐趣而做事的心理倾向。兴趣是我们从事不同的活动时心中所产生的乐趣和满足感。兴趣对我们从事的活动、学习的专业、选择的职业有导向性的影响。当我们的选择与我们的兴趣相一致时，我们便会感到愉悦，而当我们的选择与兴趣不匹配时，我们选择的持续性会大大降低，这就是人们常说的"天才也怕入错行"。职业兴趣是我们对某种职业或者从事某种职业活动所表现出来的特殊倾向。职业兴趣直接影响我们今后对待自己所从事职业的态度和取得成就的大小。兴趣向职业兴趣的转换，需要具备诸多因素，其中最关键的因素就是能力。如果只有兴趣，而无从事该职业的能力，我们是无法胜任这项工作的。与个人兴趣不同的是，职业兴趣还强调责任意识，它包括：承担工作结果的责任、对家庭的责任以及社会责任感。这是职业兴趣与兴趣本质的区别，我们应该正确地认识到：职业兴趣＝兴趣＋能力＋责任，即职业兴趣是个人兴趣、能力和责任的集合体。

三、大学生的职业价值观与能力概述

（一）大学生的职业价值观概述

1. 什么是价值观和职业价值观

价值观是指个人对客观事物（包括人、物、事）及对自己的行为结果的意义、作用、效果和重要性的总体评价，是对什么是好的、是应该的产生的总看法，是推动并指引一个人做出决定和采取行动的原则、标准，是个性心理结构的核心因素之一，它使人的行为带有稳定的倾向性。价值观是人用于区别好坏、分辨是非及判断其重要性的心理倾向体系，它反映人对客观事物的是非及重要性的评价。人不同于动物，动物只能被动适应环境，人不仅能认识世界是什么、怎么样和为什么，还知道应该做什么、选择什么，并且能发现事物对自己的意义，确定并实现奋斗目标。这些都是由每个人的价值观支配的。价值观决定、调节、制约个性倾向中低层次的需要、动机、愿望等，它是人的动机和行为模式的统帅。人的价值观建立在需求的基础上，一旦确定则反过来影响和调节人进一步的需求活动。人们对各种事物，如学习、劳动、享受、贡献、成就等，在心目中存在主次之分，对这些事物的轻重排序和好坏排序构成一个人的价值观体系。价值观受制于人生观和世界观，一个人的价值观是从出生开始，在家庭和社会的影响下逐渐形成的，一个人价值观的形成受其所处社会的生产方式及经济地位的影响，在一定程度上是不可逆的。价值观是一种内心尺度，它支配着人的行为、态度、观察、信念、理解等，支配着人认识世界、明白事物对自己的意义和自我了解、自我定向、自我设计等，同时也为人自认为正当的行为提供充足的理由。职业价值观，是指无论从事什么工作，都会努力在工作中追求的东西。从另一个角度来讲，职业价值观就是一个人最期待从工作中获得的东西。

2. 价值观的特性

①价值观是因人而异的。由于每个人的先天条件和后天环境不同，人生经历也不尽相同，每个人的价值观的形成会受到不同环境的影响，所以，每个人都有自己的价值观和价值观体系。在同样的客观条件下，具有不同价值观和价值观体系的人，其动机模式不同，产生的行为也不同。②价值观是相对稳定的。价值观是人们思想认识的深层基础，它形成了人们的世界观和人生观。它是随着人们认知能力的发展，在环境、教育的影响下，逐步培养而成的。人们的价值观一旦形成，便是相对稳定的，具有持久性。③价值观在特定的环境下又是可以改变的。由于环境的改变、经验的积累、知识的增长，人们的价值观有可能发生变化。

3. 价值观的作用

价值观对人们自身行为的定向和调节具有非常重要的作用。价值观决定人的自我认识，它直接影响和决定一个人的理想、信念、生活目标和追求方向的性质。

价值观的作用大致体现在以下两个方面：首先，价值观对动机有导向的作用，人们行为的动机受价值观的支配和制约，价值观对动机模式有重要影响，在同样的客观条件下，具有不同价值观的人，其动机模式不同，产生的行为也不相同，动机的目的方向受价值观的支配，只有那些经过价值判断被认为是可取的，才能转换为行为的动机，并以此为目标引导人们的行为；其次，价值观反映人们的认知和需求状况，价值观是人们对客观世界及行为结果的评价和看法，因此，它从某个方面反映了人们的人生观和价值观，反映了人的主观认知世界。

（二）大学生的职业能力概述

1. 什么是能力

能力是人们顺利完成某种活动所必备的个性心理特征。任何一种活动都要求参与者具备一定的能力，而且能力直接影响着活动的效率。例如，从事外交工作要具有灵活而敏捷的思维、较好的语言表达、较强的记忆等能力；从事管理工作，要具备一定的组织、交际、宣传说服等能力。只有在能力上足以胜任工作，才能取得良好的工作绩效。否则，工作就不能顺利进行。能力和知识是有区别的。知识是人类经验的总结和概括；能力是一个人比较稳定的个性心理特征，它表现在人们掌握知识和技能的难易、快慢、深浅、巩固程度以及应用知识解决实际问题等方面。一般来说，能力的形成和发展远比知识的获得要慢。能力和知识又是密切联系的。一方面，能力是在掌握知识的过程中形成和发展的，离开了对知识的学习，任何能力都不可能发展；另一方面，掌握知识又必须以一定的能力为前提，能力是掌握知识的内在条件和可能性。总体来说，能力与知识的发展并不是完全一致的。在不同的人身上可能具有相等的知识，但他们的能力不一定是相等水平的；而具有同样能力水平的人也不一定有同等水平的知识。

2. 能力的分类

（1）一般能力和特殊能力

一般能力是在很多基本活动中表现出来的能力，它适用于广泛的活动范围，是完成工作所需的最低能力标准。例如，观察力、记忆力、注意力、想象力、抽象思维能力等。在西方心理学中把一般能力称为"智力"。特殊能力是表现在某些专业活动中的能力，它只适用于某种狭窄的活动范围。例如，节奏感受能力、色彩鉴别能力、计算能力、飞行能力等。

（2）基本能力和综合能力

基本能力是指某些单因素能力，即主要通过大脑某一种功能完成的心理活动表现出来的能力。例如，感知、记忆、思维、肌肉运动等能力。综合能力是在由许多基本能力分工合作完成的活动中表现出来的能力。例如，数学能力、音乐能力、管理能力等，这些都是由某些基本能力结合而成的综合能力。

3. 雇主最重视的能力

综合信息显示，大学生就业面试和未来岗位工作中，一般情况下，雇主最关注的能力包括：沟通技巧（口头和书面）；诚实、正直；团队合作能力（与他人良好合作）；人际交往能力（与他人和睦相处）；强烈的职业道德；主动性、自发性；灵活性、适应能力；分析能力；计算机技能；组织能力；重视细节；领导能力；自信；友善、外向的性格；举止端庄、有礼；实事求是；平均成绩（80分或更高）；创造力；幽默感；企业家精神、敢于承担风险。

第二节　大学生的职业素养

一、大学生职业素养概述

（一）大学生素养与职业素养

1. 素养

论述"素养"容易使人联想到"素质"一词，也有人将"素养"等同于"素质"。其实这两个词的含义还是有差别的，在心理学上，"素质"是指人的先天的解剖生理特点，主要是感觉器官和神经系统方面的特点。在这里，先天本原特质的含义极为突出，因此，将"素质"与"素养"等同显然是不恰当的。两者相比，素质重在人的先天本原基质，不含人为改变成分或因素；素养重在人的修为与努力，并含有由修为与努力带来的变化与结果。基于此，我们给素养可以下这样的定义：所谓素养，主要指人们为了达到一定的目的，在涉及自身生存和发展的各个认识与实践领域所下的勤奋学习与涵养锻炼的功夫，以及在其知识才能和思想品质方面所达到的水平。例如，我们一般不说"某人素养很深"，而是具体地说"某人古汉语的素养很深"，或者说"某人有很高的品格素养"等。

2. 职业素养

在职场中，个体行为的总和构成了其自身的职业素养。职业素养是内涵，个体行为是外在表象。每个劳动者，无论从事何种职业，都必须具备一定的思想道德素质、科学文化水平、专业技能手段和职业意识等。只有这样，才能成为具有良好职业素养的人，才能顺应知识经济时代社会竞争激烈、人际交往频繁、工作压力大等职业特点的要求。职业素养可以具体量化表现为职商，它体现了一个社会人在职场中成功的素养及智慧，所以，职业素养是一个人职业生涯成败的关键因素。

现代人力资源研究认为，劳动者的个体素养类似管理学中所提出的"冰山理论"。简而言之，个人的素养就像一座水中漂浮的冰山，水上的部分只有1/8，是一个人的学历、学识、获得的荣誉等比较容易鉴别的显性因素；水下的部分，占冰山的7/8，是一个人的道德意识、道德水平、价值观念等因素，是不易鉴别的隐性因素。而劳动者的职业素养也可以看作一座冰山：浮在水上面的代表劳动者的知识、技能、技术等表层特征的显性职业素养，只能说明这个人具备了从事职业劳动的基本条件，不能区分绩效优劣；而隐藏在水面以下的部分，代表着劳动者的职业意识、职业道德和职业态度等方面，是判断劳动者是否能够胜任工作的最重要部分，可以鉴别绩效优秀者和一般者。水下部分的大小决定了水上部分的高度和大小。要提升劳动者的能力，就要先培育劳动者优秀的职业素养。但是，在现实生活中，由于显性素养的培养易于考核和体现，加之受实用主义和社会风气等的影响，人们往往注重对显性职业素养的投入，而对隐藏在水下部分的职业意识、职业道德、职业作风和职业态度等隐性职业素养相对忽视。这是对职业素养培养的一种误解，只有以培养显性职业素养为基础，以培养隐性职业素养为重点，注重各方面的良好协调和均衡发展，才能使劳动者的职业素养与现代社会体制和现代社会生产力发展水平相一致。

（二）大学生职业素养的特征

1. 职业性

职业素养是一个人从事职业活动的基础，不同的职业对劳动者的职业素养的要求也不同，这是由不同职业所具有的特点决定的。例如，对教师职业的素养要求是热爱教育事业、热爱学生、为人师表、学识渊博，这与教师这一教书育人的职业的特征有密切的关系。只有具备良好的职业素养，才能将本职工作做得有声有色，并有长久的发展。

2. 养成性

职业素养作为与职业世界相联系的个性品质的集合，是在长期的从业过程中养成的。职业素养不能仅依靠简单的传授获得，如我们不能期望大学生上了一堂关于培养职业素养的课，就养成相应的职业素养。职业素养的获得是有条件的，经过模仿、反馈及慎思等多种途径逐渐积累、内化，是一个人能做什么、想做什么和如何去做的内在特质的组合，并随着继续学习、工作和环境的影响而不断提升。

3. 稳定性

一个人的职业素养是在长期执业过程中日积月累形成的。它一旦形成，便具有相对的稳定性。例如，一位教师，经过三年五载的教学生涯，就逐渐形成了怎样备课、怎样讲课、怎样热爱自己的学生、怎样为人师表等一系列教师职业素养，于是，便保持相对的稳定性。当然，随着其继续学习、工作和环境的影响，这种素养还可继续提高。

4. 内在性

从业人员在长期的职业活动中，经过自我反省、学习和亲身体验，认识到怎样做是对的、怎样做是不对的，这样有意识地内化、积淀和升华的这一心理品质，就是职业素养的内在性。

5. 发展性

一个人的素养是通过教育、社会实践和社会影响逐步形成的，它具有相对性和稳定性。但是，随着社会发展不断对人们提出新的要求，人们为了更好地适应、满足社会发展的需要，总是不断地提高自己的素养，所以，素养具有发展性。

6. 情境性

职业素养强调对不同情境的针对性，而不是程序化的固定动作的组织体系。因为"每个人都按自己生活经验的体系（框架）来概括自己所遭遇的情境，总以某种态度倾向来对待某一类情境，而情境的分类则按自己的生活经验框架进行"。一个具备良好职业素养的人，能够知道何种情境需要何种素质，并能够熟练地指导自己的行动。

7. 完整性

在中世纪学徒制中，师傅对学徒的培养必定是从各方面做整体要求。在现代社会的职业要求中，同样反对割裂职业素养各要素，主张将其作为一个整体，以职业活动为载体，在与其他职业活动的融合中进行培养。这就要求从业人员的职业素养是多方面的，既要有良好的职业道德、职业意识和职业态度，又要遵守行业的规范和职业准则，还要具备一定的职业形象与职业礼仪等，只有这样才能胜任本职工作。作为行动与个性心理品质的统一，职业素养体现在职业活动中并与职业活动的其他要素紧密相关。脱离了具体的工作任务和职业情境，职业素养也就失去了存在的意义。

二、大学生必备的职业素养概述

（一）大学生的职业道德

职业道德是职业人在一定的社会职业活动中遵循的、具有自身职业特征的道德准则和规范，以及在个人从业的思想和行为中表现出来的比较稳定的特征和倾向。职业道德的基本规范是爱岗敬业、诚实守信、办事公道、服务群众、奉献社会。职业道德的养成，唯有在职业道德的训练和实践中才能得以实现，大学生应积极参与社会实践，在实践中去感受、体会和领悟职业道德。

1. 爱岗敬业

爱岗敬业反映的是从业人员热爱自己的工作岗位，尊重自己所从事的职业，勤奋努力，尽职尽责的道德操守，是社会主义道德的最基本要求。这是社会对每个从业者的要求，更应当是每个从业者对自己的自觉约束，否则将会出现今天工作不努力，明天努力找工作的情形。

2. 诚实守信

诚实守信既是做人的准则，也是对从业者的道德要求，即从业者在职业活动中应该诚实劳动、合法经营、信守承诺、讲求信誉。诚实守信是人类千百年传承下来的优良道德传统，在社会主义社会应该继承并使之发扬光大。在社会主义市场经济条件下，加强职业领域的诚信道德建设，非常必要，也非常及时。

3. 办事公道

办事公道就是要求从业人员在职业活动中做到公平、公正、不谋私利、不徇私情、不以权损公、不以私害民、不假公济私。"以公道之心办事"是在职业活动中必须遵守的道德要求。办事公道，就要做事讲原则，无论对人对己都要坚持实事求是，遵循道德和法律规范来处事待人。

4. 服务群众

服务群众就是在职业活动中一切从群众的利益出发，为群众着想，为群众办事，为群众提供高质量的服务。社会主义道德建设的核心是为人民服务。在社会主义社会中，每个公民无论从事什么工作、能力如何，都能够在本职岗位上，通过不同的形式为人民服务。

5. 奉献社会

奉献社会就是要求从业人员在自己的工作岗位上树立奉献社会的职业精神，并通过兢兢业业地工作，自觉为社会和他人做贡献，这是社会主义职业道德最高层次的要求，体现了社会主义职业道德的最高目标指向。爱岗敬业、诚实守信、办事公道、服务群众，都体现了奉献社会的精神。

（二）大学生的职业意识

"意识"意味着清醒、警觉、注意力集中等，也意味着在意愿支配下的动作或活动。职业意识的强弱在各个方面决定了从业者的工作表现。要成为优秀的职业人，应具备以下几种重要的职业意识。

1. 角色意识

每个人在现实社会生活中都扮演着多种角色，每种角色都有一定的言行规范和标准，人们正是按照相应的言行标准来衡量一个人是否胜任其角色的。一个人如果缺乏角色意识，就难以把握好角色位置，甚至发生角色错位，造成人际关系紧张，工作、生活环境恶化。强化角色意识，就是要立足本职岗位，认清自身的"角色定位"，恪守职业道德和操守，向优秀人物、杰出人物、英雄人物学习，以自身所属角色群的榜样、楷模为镜子和尺子，经常照一照、量一量，以此鞭策自己，激励自己。这样，就能时刻有一种紧迫感、责任感、危机感，随之迸发出奋然前行的激情和力量。角色即人格，只有扮演好自己所承担的角色，人格才会独立，才会受到他人的尊重。

2. 规范意识

没有规矩，不成方圆。无论从事什么工作，最基本的要求就是遵守岗位的职业规范、职业纪律。规范意识有三个层次：首先，要有规范的意识。例如，不迟到，不早退，不在工作时间办理个人事务，不越权，不侵犯公司利益等。其次，要有遵守规范的愿望和习惯。重要的不是知道规范，而是愿意遵守规范。这尤其表现在没强制性力量进行监督惩罚的时候。最后，遵守规范成为人的内在需要。在这种境界中，遵守规范已成为人的第二天性，外在规范成为人的内在素质，意味着规范不再只是一种外在强制，而在某种意义上使人获得了真正的自由。

3. 问题意识

问题意识就是对客观存在的矛盾的敏锐感知和认识。具体来说，就是具有主动发现问题、找准问题、分析问题的自觉意识，进而为解决问题提供更多、更有效的方法。一个员工只有树立了问题意识，才能更主动地去完成自己的工作任务；一个团队，尤其是企业团队，只有强化问题意识，才能不断清除淤塞、健康发展。那么，如何才能发现问题呢？第一，要保证全身心地投入当前的工作，不论是否是自己的兴趣所在，努力做到最好，并始终要求自己做到最好。第二，不断学习，只有始终站在专业前沿的人才能最早、最快地发现问题。第三，用心观察，对工作中出现的问题与现象仔细体会、思考，不放过任何一个细节，抓住现象背后的本质。第四，碰到任何问题都要多问几个为什么，直到查出问题的根源。

4. 团队意识

在当前全球经济一体化和参与国际竞争的大背景下，弘扬团结协作精神对于建设好一个组织、一个企业具有极其重要的意义。而对于任何一个准备踏入职场的准员工来说，团队意识也是其应该认真培养的，因为在任何一家公司工作都离不开与他人的配合。所谓团队意识，简单来说就是大局意识、协作精神和服务精神的集中体现。要想成为一名具有团队合作能力的员工，必须达到以下基本要求：第一，要具有良好的表达与沟通能力，而要使自己融入一个团体就必须具备良好的表达与沟通能力，要努力抓住机会锻炼表达能力，积极表达自己对各种事物的看法和意见，并掌握与人交流和沟通的艺术。第二，要具备主动做事的品格。应该主动了解企业需要我们做什么和自己想要做什么，然后进行周密计划，并全力以赴地去完成。第三，要具有宽容与合作的精神。一个团队只有具备了宽容与合作的精神，才能充分发挥每个人的优点，也才能使团队不断做大做强。第四，要有全局观念。团队意识不反对个性张扬，但个性必须与团队的行动保持一致，要有整体意识、全局观念，考虑团队的需要。个人利益、观念等与团队整体需求发生冲突时，要主动调节自身，以适应团队的发展。

5. 质量意识

质量作为产品的灵魂、企业的生命，对企业的生存和命运具有决定性的作用。产品质量对外表现为企业名誉与品牌形象，决定了企业产品的命运，体现为市场占有率、顾客满意度等；而在企业内部，则表现为员工的工作质量，一个员工的质量意识就表现为其完成每一项工作是否做到精益求精、力求完美。企业产品质量的高低不仅与产品的直接生产人员有关，而是由企业全体员工的整体质量意识决定的，即由"全员质量意识"决定。正是因为在企业中，每个人的每一项工作都与产品的最终质量有千丝万缕的联系，所以，在产品的生产中不容任何人有忽视产品质量的思想存在。

（三）大学生的职业技能

职业技能是指在特定的职业环境中合理、有效地运用专业知识、职业道德与意识的各种能力，是人们运用理论知识和实践经验，完成具体工作任务的活动方式。掌握一定的职业技能，是大学生走向职场的基本条件。一般可以把员工应具备的职业技能划分为两种，即专业技能和自我管理技能。

1. 专业技能

专业技能是指人在职业活动中必须掌握的技能，是人们在职业活动中运用专业知识或经验顺利完成某项职业任务的一种技术活动或心智活动。因此，专业技能可以分为技术技能和智力技能。

（1）技术技能

随着技术的进步和商业的发展，绝大多数职业的技术技能要求都变得更加复杂。相对来说，岗位层次越低的工作人员就越需要技术技能，特别是一线工作人员，技能尤为重要，因为他们大多直接从事某方面的具体工作，是具体工作流程、程序的操作者。所以，他们必须知道如何去做各种特定工作，还要达到一定的熟练程度。

（2）智力技能

智力技能是借助内部语言在头脑中实现的认识活动方式，这种认知活动借助内部语言按合理、完善的程序组织起来，并且一环扣一环，仿佛自动地进行着。正如成熟的技术技能可以使人出色地完成各种外部活动一样，熟练的智力技能也是一个人顺利完成各种智力型工作的重要条件和手段。

2. 自我管理技能

自我管理技能是职业人顺利完成任务的基础性技能。任何职业都需要职业人具备基础的自我管理技能，这一点对于所有的职业都是适用的。学会管理自我是成功的基础。只有主动经营，努力提升自我价值，使自己成为市场的稀缺资源，才能使未来的事业得到更好的发展。自我管理包括终身学习、习惯管理等内容。

（1）终身学习

知识经济时代意味着"学历时代"的终结，取而代之的将是"终身学习时代"。走出校门并不意味着学习的终止，任何一个职业人都必须是终身学习的人。大学生告别校园走向职场后，必须坚持不懈地继续学习，才能跟上知识更新的步伐，才不会在竞争中被淘汰。知识与技能的学习已经越来越难以满足人们的需要，因为知识与技能是学习的内容，数量再多也有穷尽的时候。学习能力是最应该学习的。只有具备了学习能力，才能拥有解决问题的工具，需要什么样的知识才能很快掌握它。

（2）习惯管理

"思想决定行为，行为决定习惯，习惯决定性格，性格决定命运"。这句话道出了思想、行为、习惯、命运之间的辩证关系。其中，习惯与行为关系密切。

在职场中，职业习惯是人们长期在职业活动中形成的比较稳定的行为，良好的职业行为有助于养成良好的职业习惯，从而为事业的蒸蒸日上奠定坚实的基础。因此，养成良好的职业习惯与革除陋习，要从一点一滴的行为做起，这就需要职业人有意识地对自己进行习惯管理。良好的职业习惯有：守时；勇挑重担；对结果负责；尊重他人，莫论是非。

（四）大学生的职业形象

1. 职业形象

职业形象泛指职业人外在、内在的综合表现和反映。外在的职业形象指职业人的相貌、穿着、打扮、谈吐等他人能够看到、听到的东西；内在的职业形象指职业人所表现出来的学识、风度、气质、魅力等他人看不到却能通过活动感受到的东西。职业形象与个人的职业发展紧密相关，在人的求职、社交活动中起关键作用，良好的职业形象对职业成功具有重要的意义。良好的职业形象，能够展示出个体的自信、尊严、力量、能力，是事业成功的必备要素。

2. 职业形象的价值

职业形象的价值，用一句话概括，就是职业形象决定职场成败，具体表现为：第一，职业形象是走向职场成功的第一块"敲门砖"。职业形象在个人求职、社交活动中也会起到关键作用。良好的职业形象会使职业人在职业生涯的开始就获得良好的第一印象，从而为今后的工作打下坚实的基础。第二，职业形象影响个人业绩。这一点对于业绩型职业人而言更为明显。如果自己的职业形象不能体现专业度，不能给客户带来信赖感，所有的技巧都是徒劳。第三，职业形象会影响个人晋升的机会。获得上司的认可是晋升的核心要素之一，如果在上司面前因为职业形象问题导致误会、尴尬甚至引发上司厌恶，业绩再好也难有出头之日。如果在同事同级层面因为职业形象问题导致离群、被孤立、被排斥，也会严重影响一个人的晋升机会。

3. 职业礼仪

职业礼仪是人们在职业生活和商务活动中要遵循的礼节，是在职业生活和商务活动中对人的仪容仪表和言谈举止的普遍要求。职业礼仪包含一系列约定俗成的行为规范，具体可分为个人形象礼仪、日常交际礼仪、办公礼仪和商务活动礼仪等。职业礼仪可以看作一般礼仪在职业中的运用和体现。因此，职业礼仪的核心体现在人与人之间的相互尊重上。了解并应用职业礼仪的基本规范能够为建立成功的职业发展和商业关系奠定基础。在职场中，熟练掌握各种礼仪规范，能够使自己在面对不同对象和身处不同场合时，举止得体，游刃有余，体现出良好的职业素养。

职业礼仪的基本特点：第一，约定俗成。礼仪规范不是法律规范，没有法律的约束力，也不靠强制执行。礼仪是人们接受、认可并愿意遵守的礼节和程序。礼仪的产生与其所处环境的文化、习俗和传统等密切相关。礼仪规范一旦形成，就对相应的群体有较强的制约力。第二，有序往来。礼仪在时间、空间、等级上都有一定的次序规定，以此来体现礼仪中的尊重。例如，通常意义上的"女士优先""尊者优先"原则，商务活动中的"客户优先"原则等。第三，客随主便和主随客意。这在与不同民族、种族、地区、国家及文化的人进行交流时尤为重要。当自己作为客人时，应充分尊重当地的礼仪和风俗习惯，这样才会受到主人的欢迎；当自己作为主人接待他人时，则需要考虑客人的文化习俗和禁忌，才会让客人感到满意。这一规则反映了礼仪中的互相尊重精神。

4. 良好职业形象的表现

职业形象是新时代企业文化和个人修养素质的综合体现，是一个人的仪容仪表、言谈举止、待人接物的行为及内在气质的统一。良好的职业形象表现为：第一，得体的仪容仪表。美的关键在于能否认识到自身的优势与缺陷并做到扬长避短，尽自己的最大努力把自身独一无二的优点和气质挖掘出来。第二，恰当的语言。一个人有没有社交能力和办事水平，主要体现在能否把握办事说话的尺度上。恰当的说话尺度往往可以帮助我们更快、更简单地完成所要做的工作。所谓尺度就是说话要得体。首先，在说话的时候要注意双方的地位身份、学识教养、生活阅历、社会背景等要素。其次，说话要注意场合，正式场合说话应该庄重规范，用书面语、常用语；非正式场合说话要自然风趣，多用口语。社交语言的运用技巧主要包括赞美、批评、拒绝、寒暄、求助。第三，保持微笑。微笑是人际交往中的一把万能钥匙，它能够打开人们封锁的心灵，能够开启职业生涯发展的成功之门。职业人自身的性格、价值观及成长经历各不相同，因此有的人沉着冷静，有的人热情大方，有的人古板严肃，有的人则轻松幽默。不同的职业形象各有利弊，但受欢迎的职业形象都有一个共同特点，那就是微笑。发自内心的微笑，自然、纯真、友善，它可以拉近人与人之间的心理距离，为深入沟通与交往营造温馨和谐的氛围。因此，有人把微笑比作人际交往的润滑剂。

三、大学生职业素养的培养概述

（一）大学生职业素养现状

在激烈的市场竞争中，企业管理者将人才视为企业持续发展的不可或缺的核心资源，许多企业竞相从高校中选拔优秀的应届毕业生作为人才储备。然而，应届毕业生在工作中的表现却常令管理者头痛。大学重视理论教育，培养出来的毕业生普遍自我价值认知较高，认为自己应该从事企业的中、高层管理工作。而实际上，由于毕业生缺乏实际操作技能，只能从基层做起。这种强烈的心理落差使应届毕业生常常抱怨自己得不到重用。在十几年的学习生涯中，他们所做的一切努力都是为了实现自己考上一所好的学校或是拿一个好的成绩等个人目标。进入企业后，这种个人导向的行为习惯与企业追求的团队协作要求格格不入，所以他们常常因为和周边的同事产生冲突而受到排挤。例如，有些大学毕业生会有一些鲜明的个人特点，如要个性、喜欢被关注、习惯被安排、受不了大的挫折等。当他们进入企业遇到困难就叫苦连天、退缩。在企业中的"不得志"使得很多刚进企业不久的大学生纷纷离职。

（二）大学生职业素养教育

在注重培养学生能力素质的同时，要强化学生职业素养的培养。就目前而言，随着高等教育的地位逐步向社会重心移动，大学的功能也从专业化向多元化方向发展。长久以来，人们视"大学"为富国之本，因为它们确立了民主社会的价值标准，培养出了能够管理国家的有教养的公民。当前，人们对大学的功能有一个基本共识，即大学有教学、培养人才、研究和服务社会的职责，其中教学、培养人才的功能是其首要功能，研究和服务社会是其衍生功能。所以，无论是研究型还是教学型的大学，都必须以培养人才为主体功能，而人才的价值又必须通过研究与服务社会来体现。研究和服务社会都涉及职业问题，胜任工作的前提是人才具备合格的职业素养、职业心态和职业技能。从人才战略角度考虑，对人才职业素养的培养应该是全方位的培养。特别是高层次人才的培养，必须在职业素养水平的考核中达到优良以上的标准，只有这样才能保证大学的研究与服务社会功能得到充分体现。

（三）大学生职业素养的自我修炼

大学生职业素养的提升是在一定的实践活动中逐步培养的结果。大学生要提升自己的职业素养，就需要及早唤醒自己的职业意识，加强自己的职业态度和职业能力训练，寻求未来职业生涯发展的良好开端。

1. 提高自我效能

自我效能的概念由社会学习理论创始人班杜拉提出，他认为自我效能包括两个部分，即结果预期和效能预期。其中，结果预期指个体对自己的某种行为可能导致什么结果的推测，效能预期指个体对自己实施某种行为的能力的主观判断。自我效能决定了人们如何感受、如何思考、如何自我激励及如何行动。自我效能决定了一个人对自己能力的判断。积极、适当的自我效能使人认为自己有能力完成所承担的任务，由此将持有积极、进取的工作态度；而过低的自我效能会让人感觉自己的能力比较差，无法胜任工作，从而对工作产生消极回避的想法，工作积极性也将大打折扣。

2. 学会调整心态

首先，需要了解二八法则，即在任何特定群体中，重要的因子通常只占少数，而不重要的因子则占多数，因此，只要能控制具有重要性的少数因子即能控制全局。这个原理是意大利经济学家兼社会学家维弗雷多·帕累托在19世纪末20世纪初提出的。其次，要消除消极的自我暗示，如"完了、受不了了、没救了"。要学会用积极的自我暗示代替消极的自我暗示，从内在开始改变自己。

3. 提高沟通能力

在当今社会，除了专业技能等硬性技能外，大家也越来越重视"软技能"的提升和发展。所谓软技能，是指情绪控制能力、人际关系处理能力等。这里的"人"，指老板、同事、顾客、亲人、朋友等，也包括自己。有效沟通无疑是"软技能"的核心能力之一，它可以帮人们游刃有余地处理工作事务，增进人们与亲人朋友间的理解，拉近心与心之间的距离。而要实现有效沟通，必须了解沟通的禁忌、技巧和原则。

（四）大学生职业素养的提升途径——高校方面

为了使大学生的职业素养满足社会对新型人才的需求，学校应积极为大学生创造更好的职业素养培养环境。具体来说应该从以下几个方面着力培养大学生的职业素养。

1. 加强思想品德教育

高校在培养新型大学生时，应坚持社会主义核心价值观，坚持"大爱"育人理念，充分发挥思想政治理论课的德育主渠道作用，积极推进课程改革，科学规划理论教学与实践活动学时，控制好理论课程和实践课程在教学中所占的比例。通过思想品德教育，逐步提高学生认识问题、分析问题、解决问题及规划自身发展的能力，提升学生的政治理论素养和个人品德修养，引导学生树立正确的世界观、人生观、价值观，修身正己，谨言慎行。

2. 引导开展课外阅读

当前，大部分高校大学生将多数时间用在专业课学习和各种资格证考试上，而对提升自我修养、提高自身文化素质方面重视不够。严峻的就业形势、激烈的就业竞争使大学生读书的目的越来越现实。从高考竞争中冲杀出来的大学生，已经习惯了学习与应试相结合的教育模式，所以他们在读书之前总是先考虑这本书对自己是否实用，显得十分急功近利，这也和现阶段的就业形势密不可分。广泛的阅读兴趣，良好的阅读习惯，会对他们的成长产生极为有益的影响。因此，针对大学生的读书现状，高校有责任反思，从中找到解决问题的最佳途径和方法。高校应以灵活多样的形式引导学生明确读书目的，实现课外阅读多样化、合理化，真正使学生对课外阅读产生浓厚兴趣，在阅读中获取知识，陶冶情操，提高素养。

3. 培养写作与口才能力

对于大学生来说，写作能力不仅影响到他们全面素质的提高，也会影响他们科研能力的提高，甚至直接影响他们的就业前景。为适应大学生将来的学习、工作、生活及实践需要，使其掌握应用文写作基本知识与技能，高校应将写作与口才训练课设置为必修课程，着重开展应用文写作与口才训练活动。高校可将应用文写作纳入大学语文和就业指导课堂教学内容中，并根据各专业人才培养的实际需求安排讲授内容，同时开展实践活动学以致用，如优秀简历评比、外出调研等活动，以调动学生的学习积极性，提高其创新能力，活跃学习气氛，检验教学成果。

4. 强化大学生身心素质训练

当前，我国大学生的身体素质不佳是一个不争的事实。高校应加强对大学生身体素质的训练，保障学生的心理健康，落实高校身心素质训练计划，形成大学生热爱体育、崇尚运动、健康向上的良好风气，促进学生德、智、体、美全面发展，以期毕业生能应对严峻的就业现实和竞争压力。高校可通过晨练和课外体育锻炼两种方式来加强学生的身体素质训练。晨练以跑步和广播操为主要形式，同时，每天下午可开展课外体育锻炼活动。世界卫生组织将健康定义为不仅是一个人没有疾病、不体弱，而是指人的躯体、心理和社会功能均处于良好状态。所以健康包括生理健康、心理健康和社会健康。因此，心理健康教育也应该成为大学生身心健康的重要内容。

5. 注重社会实践的效果和持续性

社会实践是大学生思想政治教育的重要环节，对于促进学生深入社会、了解国情、增长才干、锻炼能力、增强社会责任感都有重要意义。为全面推进学生素质教育，进一步加强学生社会实践锻炼，提高学生就业创业能力和非专业综合素质，高校应建立分层推进的社会实践体系，采取学校指导与学生自主设计相结合的形式进行。社会实践活动是大学生必须完成的主要实践环节之一，对此各高校都规定了主要内容。大学生的社会实践存在流于形式的问题，为解决这一问题，高校应通过合理安排、科学部署、严格考核，切实达到社会实践应有的效果。此外，高校还应强化学生社会实践的持续性。例如，既要有集中实践，也要有日常实践，既要有社会调研、志愿服务、公益劳动，也要有科技服务、创业创新、勤工俭学等，争取做到活动形式多样化、活动主题鲜明化，从而丰富社会实践内容，真正锻炼学生的能力。高校应合理安排社会实践的时间与内容，注重社会实践的实效性和持续性，从而真正培养学生的社会实践能力、探索精神，开阔学生的视野，增强学生的社会责任感，促进学生成长成才。

6. 加强知识学习与技能培训

职业行为和职业技能等显性职业素养比较容易通过教育和培训获得。学校的教学及各专业的培养方案是针对社会需要和专业需要而设计的，旨在使学生获得系统化的基础知识及专业知识，加强学生对专业的认知和对知识的运用，并使学生获得学习能力，养成良好的学习习惯。因此，大学生应该积极配合学校的培养计划，认真完成学习任务，尽可能利用学校的教育资源，如教师、图书馆等获得知识和技能，并将其用作将来职业需要的储备。职业技能是人们掌握和运用专门技术的能力，也是职业人奉献社会、服务群众的生存之本。大学生已具备较强的学习能力，学习阶段是其一生中增长技能、积蓄能量的重要时期。大学生必须获得专业知识，考取各类证书；必须具备人际交往能力、竞争能力、合作能力。大学生必须放弃被动的学习方式，主动采用自主性、研究性、创造性的学习方法，在课堂上认真学习老师讲授的各类知识，全面掌握专业理论知识和各种社会技能，在模拟的职业环境中获得与现实的实际操作相同的体验，逐步掌握职业岗位需要的基本技能，培养分析问题、解决问题的能力。

（五）大学生职业素养的提升途径——社会方面

大学生职业素养的培养不能只依靠高校和学生，社会资源的支持也很重要。

全社会应形成重视培养大学生职业素养的舆论氛围。

1. 校企合建实习基地，为大学生提供平台

要想获得具有较高职业素养的大学毕业生，企业也应该参与到大学生的培养中来。企业不应消极抱怨学生的实践能力不足，也不应单靠高校把学生培养成适应社会需要的人才，而应把自己当成大学生成长成才过程中的重要一环，在积极为大学生提供实习平台的过程中培养学生的职业素养。

2. 政府建立实习制度，完善社会培训体系

我国亟待建立实习制度，完善社会培训体系。政府方面，应加大对大学生实习环节的支持力度，对积极接收实习生的用人单位给予财税上的支持。目前，大学生实习已引起社会各界的关注。已经暴露出的问题表明，大学生实习除了大学生自身的一腔热情外，更需要社会提供一个高校和用人单位之间的联系平台。有专家指出，在真正的实习制度建立起来之前，建立大学生实习指导机构乃当务之急。综上，我国很有必要在人才市场建立实习制度，国家有关部门应尽快制定大学生实习、打工方面的政策和法规。这样一方面可使大学生了解企业需要什么样的人才以及自己欠缺什么样的知识和技能，另一方面也可使企业减少培训成本，便于企业找到合适的人才。

3. 利用社会资源提升大学生的职业素养

（1）提升大学生的文化素质和实践能力

文化素质是大学生综合素质的内核和基础，是大学生必不可少的知识储备。然而，大学生的文化素质有比较大的缺口。由于大学课程的开设有很强的专业性，这使得大学生的知识结构有"深度"而缺乏"广度"。其实，应用、技术与学术、科学同等重要，必须加强实践能力的培养。

（2）主动接受教育，培养优秀品质

在校大学生正处在心理发展迅速走向成熟的阶段，相对自由宽松的大学校园文化环境，给了大学生充分展示自我的机会。参与社会实践后，大学生的角色发生了质的变化。由此大学生从被动教育变为主动接收教育，在实践中受教育，在工作中长才干、做贡献、受锻炼。

（3）转变就业观念，解决结构性失业问题

就业观念必须转变，大学生只要从专业、薪金、地域等一些无形的条框中解放出来，就会发现天地是广阔的。参与社会培训和单位实习，大学生就业会更切合实际，着眼国家需求，让自己的就业预期适应国家发展的实际，让自己的人生价值体现在为社会做贡献的大小上，而不是"起薪"水平上。一方面，

基层单位和乡村存在缺人才，要人要不到的问题；另一方面，存在大学生就业难的现状。要解决这一矛盾，应从两方面着手：一方面，引导大学生到基层和农村实习，各级政府制定并实施更积极、更科学、更具吸引力的政策，把每项鼓励和帮助措施落到实处，确保大学生下得来、留得住；另一方面，大学生应通过实习转变就业观念，让实习成为首次修正职业路线的机会，依据自身能力重新规划和调整职业路线。

总之，大学生职业素养的培养是目前高等教育的重要任务之一。提升大学生的职业素养，需要大学生、高校及社会三方面的协同配合。

第六章 大学生的自我管理与职业发展

当代大学生是青年中的特殊群体，从未成年到成年是一个质的转变，是在初级社会化的基础上继续深入社会化的一个关键阶段，为了更好地完成这一阶段的蜕变，大学生必须进行对自身的管理和职业发展规划。本章主要分为大学生的自我管理、大学生的职业发展两部分，主要内容包括压力管理、情绪管理、人际关系管理、确定职业发展目标、职业成功的基本要素、促进职业发展的方法、提升职业适应力的方法等。

第一节 大学生的自我管理

一、压力管理

（一）压力的概念

压力指的是一种动态过程，当个体在实现对自己有重要意义的目标的过程中，遇到机会、障碍或要求时，便会处于压力状态。简而言之，压力是环境刺激与个体反应相互作用的结果。那么，我们也不难看出压力是一种刺激，来自外部的环境和事件，也是一种主观反应，同时还是人体或伤害侵入的一种生理反应。

压力的概念包括三方面的内容：①压力是指那些使人感到紧张的事件或环境。例如，大学生需要参加期末考试、就业面试等，这些都会给学生带来紧张的感觉。②压力是指一种主观的反应。从某种意义上来说，压力是一种心态，它是人体内部出现的释放性、情感性、防御性的情感反应过程，即一个人的态度决定一个人的一切，以什么样的态度对待生活，生活就会回报什么样的结果。如果以五满的心态对待生活，即满怀激情、满心欢喜、满脑好事、满眼好人、满嘴好话，则会拥有轻松愉悦的心情。③压力可能是对需求或者伤害侵入的一种生理和行为上的反应。当人们有压力的时候，常常会有手脚冰凉、颤抖、心不静、脸发热的感觉，所以每个人都会体会到身边压力的存在，但是压力却可以给人们带来不同的结果。

老人常说"人生不如意之事十之八九"，压力虽然不可避免，但不是所有的压力都是有害的或者说是有破坏性的，有很多压力是积极的，会给人一种积极的动力。也就是说，如果压力强度过低，活动的效率也相应较低；如果压力强度过高，就会对活动的开展产生阻碍作用；只有当压力处在一个最理想的水平时，活动效率最高。因此，为了有良好的生活状态和最佳的工作效果，有一定的压力是必不可少的，因为它可以激发人们的潜能，成为人们不断前进的动力。但压力过大，不但会抑制人们正常水平的发挥，人们还会因此而产生紧张、自卑、焦虑、抑郁等心理问题，严重者甚至会产生身心疾病。许多学生演讲忘词、考试怯场就是这个原因，就连平时的水平也发挥不出来。

其实，压力也有累积性的特点，生活中一种压力对我们来说无足轻重，不会产生什么影响，但是如果压力过多就会导致压力过高，从而影响大学生的身心健康和工作效率。因为从某种程度上来说，每个人基于自己的阅历和经验，都会有一定的抗压能力，也会适当地调节和减压，但是有压力接踵而至，不能及时减压的话，就会让人喘不过气来，甚至会成为"压死骆驼的最后一根稻草"。

（二）压力的产生及影响

1. 压力的产生

（1）来自自身的压力

当大学生面临压力时会产生一系列心理和生理反应。而这些反应在一定程度上是机体主动适应环境变化的需要，能够唤醒和发挥机体的潜能，增强抵御和抗病能力。但是如果压力持续时间过长或强度过大，超出自我调节和控制的能力范围，就会产生身心疾病。压力是一种主观现象，取决于人们对事情的看法和认识。处于大学阶段的学生，要独立面对生活、自主学习、人际交往、自我成长、择业就业、恋爱等问题，遇到挫折就可能导致焦虑、抑郁情绪的产生，影响自己的心情，从而影响学习、工作的效率。而这个时期的他们关注自我、注重个性表达、情绪体验丰富，对新事物和未来充满幻想和憧憬，当有些想法受到大学校园的制约和束缚，不能展示自我、张扬个性时，就会在追求完美的"理想我"与实际评价不高的"现实我"之间产生巨大落差，其压力也就由此产生。

（2）来自社会的压力

全球性金融危机、严峻的就业形势、人际关系的复杂化、情感的困惑和迷茫、社会竞争的日益激烈等都是来自社会的压力，面对这些压力大学生必须不断强化专业知识，提高社会适应能力，增强自己的组织协调能力、人际交往能力和就业竞争力，以便在激烈的市场竞争中找到展示自我的舞台。

（3）来自家庭的压力

"望子成龙，望女成凤"几乎是每个家长的愿望和追求，现在很多大学生都是独生子女，被父母视为掌上明珠。一个人担负着所有家庭成员的希望，因此，他们也在生活中扮演着多种角色，肩负着各种责任。在日常生活中，他们习惯了一帆风顺的生活环境，时时处处受到家长无微不至的照顾，就像温室里的花朵，经不起风雨、挫折、失败的打击，遇到事情不能很好地处理，这些都会给他们带来压力。

（4）来自学校的压力

新生入学后，如何尽快适应大学生活、如何协调人际关系、如何全面提高自己的学习能力、如何处理恋爱心理问题、如何在未来的就业竞争中立于不败之地等一系列问题都会出现。现实的大学生活和自己的理想生活相差甚远时，学习压力、就业压力、人际关系压力、竞争压力便会随之产生，这就要求在校大学生务必做到怀揣梦想，规划人生。

2. 压力的影响

人生充满压力，人作为一个生命体，生活在世界上，就必须遵守"适者生存"的法则，由于生存环境在不断变化，所以，不会有毫无压力的人生。压力是不可避免的，是生活的一部分，经过科学证明，如果没有压力也不利于成长。适度的压力能够促使人们努力完成学习和工作任务，以适应生活。但是当压力超出人的承受能力时，就会使人感到紧张，最终可能被压力击垮。所以压力既有积极的影响，也有负面的影响。俗话说得好，"没有压力就没有动力"，说明压力也具有推动力的作用。具体来说，适度的压力可以给大学生带来以下几个方面的好处。

（1）提高解决问题的能力

当问题出现的时候，常常会有压力伴随产生，人们只有在意识到有压力时，才会投入更多精力思考要解决的问题，达到最佳的效果，这正是大学生参加考试、竞赛等活动时，发挥得要比平时好很多的原因。

（2）满足人们寻求刺激的需要

人天生具有寻求刺激的需要，尽管这种需要随着年龄的增长而有所减退。这种需求往往会在克服压力之后得到满足，让人产生自我满足感和成就感，更能让人体会到来之不易的成功所带来的喜悦，因为没有任何压力的事情是不具备刺激性质的。这对于大学生来说，可以激发学习的主动性和积极性，有利于提高大学生自主学习的能力。

（3）有利于心理调适能力的提高

人在感到有压力的同时，也在探求减轻压力、释放压力的方法。一旦克服压力，人便会有新的力量产生，自信增强，应对压力的能力得到提高，面对新压力时的恐慌感也会随之减弱。

（三）压力管理的原则

压力是可以管理的。首先，要对压力有所察觉。轻微的压力过多会产生纷乱的情绪，压力较大会让躯体感觉不适，而压力过大就会使身心处在崩溃的边缘。其次，要根据压力的情况正确释放，增加机体的运动，增强精神的活力，以达到一种平衡。再次，要在生活中积累一些切实可行的处理压力的技术。最后，始终用一种积极的心态来对待压力。管理压力应遵循以下原则。

1. 适度原则

进行压力管理并不是一味减轻压力，要遵循适度原则。俗话说，"没有压力就没有动力"。从"驴画家"朱子明被逼为宋徽宗画驴的"压力"故事中，我们可以看出压力管理的作用，适度的压力使他真正成了天下第一画驴之人，而且受到皇上的赏识。起初，他只是一名山水画家，被误认为是画驴的画家，宋徽宗召他进宫为其画驴，他之前根本不会画驴，迫于压力只好天天练习，最后，得到皇帝的认可，真正成为天下第一画驴之人。

2. 具体原则

由于压力在很大程度上是一种主观感觉，所以在进行压力管理时要对不同的对象采取不同的策略，根据对象的不同特点做到具体问题具体分析。大连某高校曾经有位在校大学生，连续三次参加全国大学生英语四级考试都没通过，尽管每次他都努力勤奋，考试也非常认真，但是考试的成绩都不如平时模拟测试的成绩理想。后来，过级的压力慢慢减轻，对英语过级考试重新认识，它只是一次学习成果的检验，并不能决定人生成败，何必给自己太大的压力和负担呢？于是，他又抱着平静而坦然的心态参加了第四次考试，果然顺利地通过了。

面对生活中的具体事件要正确认识，既不能刻意夸大，也不可漫不经心，而是要客观地认识，做到具体问题具体分析。

3. 岗位原则

一般岗位级别越高、创新性和独立性越强的人，承受的压力也就越大。在校大学生也一样，在校担任的职务越多，承担的责任越大，压力也就越大，所以，大学生要有所选择地进行锻炼和培养，在适合自身发展的空间展示自我，正确处理工作与学习的关系，全面提升综合素质和能力，以便在未来的工作岗位上从容地应对压力，提高工作的效率，让压力成为自己进步和磨炼意志的强大动力。

4. 引导原则

由于压力的产生是无法避免的，所以引导压力向积极的方面发展就显得至关重要。对于大学生而言，有些外部因素是不可控的，如要面对强大的竞争对手，这时可以将压力变为动力，更重视竞争对手，激发心理潜能，得到意想不到的效果。

5. 区别原则

在消除压力前，首先要找出压力的来源并且区别对待。有些压力是可以避免的，如人际关系复杂造成的压力；而有些压力，如来自工作本身的压力是不可避免的，只有通过提高自身的工作能力和心理承受能力来缓解。我们说闪闪发光的金刚石和平平常常的石墨有天壤之别，但它们都是由碳原子构成的，石墨在 5 万 ~ 6 万大气压及 1000 ~ 2000 摄氏度的高温下，在金属铁、钴和镍做催化剂的作用下，可以转变成金刚石，也就是说，有些压力对于大学生来说，是件好事，所以一定要区别对待。

（四）减压方法

1. 宣泄法

情绪靠堵是堵不住的，必须科学合理地发泄出来，而压力也一样需要发泄，以此来达到心理的平衡。有人喜欢发微博来宣泄压力，也有人通过哭、说、写等方式宣泄压力。在法国有一种减压的行业，即运动消气中心。运动中心的工作人员教人们如何大喊大叫、扭毛巾、打枕头、捶沙发等，做一种运动量颇大的"减压消气操"，通过运动的方式，宣泄自己的压力。其实，这样的运动中心在国内已经存在，就是我们平时所说的运动发泄室，感觉有压力的人到发泄室尽情地发泄，以此种方式来宣泄自己的压力和不快，使身心得到放松，有利于保持身心健康，提高工作和学习的效率。

2. 观影法

人们感到生活有压力，是因为他们有强烈的责任感，此时他们需要的是打起精神，可以用"以毒攻毒"的方法激励自己去面对充满压力的生活。例如，去看一场恐怖电影，从中感受到生活的刺激是极为常见的，渐渐降低压力的强烈程度，以便调整状态，振奋精神，正视存在的压力，将其变为前进的动力。

3. 食物减压法

研究表明，有的食物可以起到缓解压力的作用，提高工作的效率，使人们的思维变得敏捷，注意力更加集中。维生素 C 可以缓解心理压力，当人们有压力时，可以吃一些含有维生素 C 的食物，如菠菜、洋葱等。分享美食成为一些人减压的最佳选择，他们认为吃零食可以让他们开心起来，不良情绪也会不翼而飞。就像有的学生在生气、有压力的时候，喜欢买很多零食，吃着自己最喜欢的零食，就会使自己的心情放松下来，从而高兴起来。

4. 环境减压法

在难以承受压力时，可以离开令自己紧张的是非之地，到走廊或户外去，换换环境，呼吸点新鲜空气，用几分钟的停顿整理一下思绪，欣赏一下大自然的美景。每个人所处的环境都会对其产生影响，人们处于欢乐愉悦的环境中就会使人心情愉悦，所以良好的环境可以减轻压力。例如，人在有压力时，就会选择出去旅游，以此缓解当前的压力，让自己的心情舒畅，感受大自然的馈赠和恩赐，这也会使人精神振奋，从而提高工作效率。当然也有人喜欢听音乐，时常沉浸在优美的音乐环境中，精神焕发，有着良好的工作状态和饱满的工作激情，可以取得优秀的工作成绩。尤其是对于一些工作繁忙的人来说，由于平时工作紧，任务重，经常处在压力下，所以企业要优化办公环境，让人的心情得到放松，才能更好地缓解压力。因此，有不少单位会定期组织员工外出旅游，以此来减轻员工的工作压力，舒缓他们的心情，从而提高工作效率。

5. 按摩穴位法

当一个人有压力时，就会感到心情郁闷，不管做什么事，都无法高兴起来。这个时候，通过按摩不同的治疗穴位，可以消除压力，增强内脏功能，让身体重新涌现活力。两手的中指重叠，一边吐气，一边按压鸠尾穴，不管有没有疼痛的感觉，用感到舒服的力度来按压；用双手的拇指用力按压涌泉穴，也可以踩在高尔夫球上，同时转动刺激穴位；用圆珠笔的前端，以舒服的力道按压头部的百会穴。这些都是通过按摩穴位减轻压力的方法。

6. 颜色减压法

颜色能够帮人们的生活减压，这不是道听途说，颜色疗法作为一种新的治疗方式，已渐渐成为西方自然疗法中的一部分。专家认为，颜色可以从身体上、精神上改变人的状态，尤其是对色彩更为敏感的人。因为颜色不同，人的脾气、健康指数都会有所不同。从身边开始，把吃的、穿的、用的调和成自己喜欢的颜色，不久之后，就会发现自己生活的变化。例如，绿色和蓝色，这些颜色可以用在常穿的衣服及家里的墙壁或摆设上，我们都喜欢看绿油油的草地和蓝蓝的天空，会顿时视野开阔，心胸豁达，可以感受到一种生机勃勃、奋发向上的力量。但是，在有压力时，要尽量避免红色，因为它会让情绪更加低落。在我们的生活空间里，经常会有自己喜欢的色彩，可以点缀自己的生活，使之更加绚丽多彩。例如，大学生心理健康中心的室内设计，一般都是比较讲究色彩搭配的，会给人一种轻松的感觉，让人觉得毫无压力，心情舒畅。

7. 音乐减压法

音乐在给人以美的享受的同时，也能提高人的审美能力，净化人们的灵魂，陶冶情操，提高审美情趣，使人树立崇高的理想。音乐在我们的生活中无处不在，可以利用音乐来促进身体和精神的放松，缓解紧张的情绪，用于日常生活中的心理减压。音乐减压不是简单地听听音乐，放松放松，而是在一种被称为"转换状态"的意识状态中，发挥自己的想象力，感受自我生命的美感和内心世界丰富的想象力和创造力，使身体和精神深度放松，达到释放或缓解压力的目的。

二、情绪管理

情绪是人们对外界事物的态度的体验，是人们的大脑对外界事物与主体需要之间关系的一种反应。外界事物符合主体需要时，就会引起积极的情绪体验，反之，就会引起消极的情绪体验。人们经常从四个维度对情绪进行观察，其中最常用的是紧张度，因为情绪可以在广阔的紧张度范围内呈现出来，弱到不易察觉，强到狂喜（昏厥）。从紧张度的视角，根据情绪产生的原因，可以把情绪划分为四类：一是一个人达到了所追求的目的的情绪体验；二是因为目的受阻或是经受不了不合理的挫折而产生的情绪体验；三是在失去所追求的东西或喜爱的目标时产生的情绪体验；四是想摆脱某种危险情景又苦于无能为力时的情绪体验。根据情绪的强度和持续时间，也可以将情绪分为四种类型：①心境。主要是指比较平静、持久的情绪体验状态（顺心、烦闷、自卑、喜悦等）。

②激情。主要是指一种强烈的、爆发式的、持续时间较短的情绪状态，具有明显的生理反应和外部行为表现，往往是由重大的或突如其来的事件或激烈的意向冲突引起的。③应激。一是在发生意外事件和遇到危险的情况下出现的高度紧张的情绪状态；二是行为的推动力，因为情绪不仅是人的活动背景，而且对人的行为具有某种推动作用，如绝望者可能有一些过激行为；三是快乐程度，快乐或不快乐的程度也可以用来研究情绪。④复杂度。主要是指有些情绪是简单的，而有些是极其复杂的，如爱情、爱国主义等。

对于情绪管理的研究，许多人饶有兴趣。有人认为，情绪管理是适应社会现实的活动过程；有人认为，情绪管理是一种服务于个人目的，有利于自身生存与发展的活动；也有人认为，情绪管理就是指一个人对自己情绪的自我认识、自我控制、自我区分等能力和对他人情绪认识与适度的反应能力。人们普遍接受的观点是，情绪管理是个体有意识地察觉、表达、控制自我情绪的行为，从而达到个体身心适应良好的状态。

（一）"愤怒"的化解

愤怒是一种不良的心理状态，人在发怒的时候，会排斥一切智慧和理性，产生严重的过激行为，释放具有极端破坏性的负面能量，造成难以弥补的损失，在损害自身健康的同时，也会对他人造成精神或物质的伤害。愤怒是大学生常见的不良情绪之一，每一个学生都有想发怒的时候，应当学会理性地对待愤怒，化解发怒。

1. 改变理想化的认知方式

研究表明，理想化的认知方式，是产生愤怒的根源之一。生活在大学校园里的学生，如果不想被愤怒的情绪所困扰，就应该改变理想化的认知方式，多一点面对现实的理性思考和科学观察。在我们生活的社会中，富裕与贫困共处，文明与野蛮随行。在我们学习的校园内，高雅和庸俗结盟，崇高和卑鄙孪生。既有师生之间的师徒情深、同学之间的情同手足，也有学术腐败和银行卡的不翼而飞；既有谈吐儒雅、风度翩翩，也有明争暗斗、相互诋毁；既有日常生活中的亲密牵手，也有评奖学金时的大打出手。无论是对世界的审视，还是对社会的观察，包括对自己身边的人和事，都不宜一味地理想化认知，应该具有辩证的思维并进行科学的审视。

2. 设法控制愤怒

愤怒的冲动是人们在受到外界的强烈刺激后，言语和行为出现非理智化的一种心理状态。在学习和生活中，产生愤怒的情绪是正常的。据美国研究应激反应的专家理查德·卡尔森的研究，人们80%的愤怒是自己造成的，也必须靠自己加以控制，因为它是后天的反应。为了控制自己的愤怒情绪，避免其脱缰和失去约束，容易发怒的人发明了许多方法。林则徐在自己的房间里挂上写有"制怒"二字的条幅，随时提醒自己，当愤怒的情绪在大脑中翻腾时，保持清醒的理性主导。学生面对极个别同学的蛮横和多次无理的挑衅，面对个别老师的无理指责和大庭广众之下令人难以忍受的挖苦和讽刺，肯定会怒火中烧，难以控制自己的情绪。但是，应当努力克制自己的愤怒，做到定心、定气，还可以通过运动等方式，进行必要的情绪疏导，避免愤怒的情绪变成发怒的现实。

3. 研究自己的"怒气"

对自己的愤怒进行研究是非常必要的。有的学生经常发怒，是由于自身性格的原因；有的是因为身体上的原因，甚至是某种疾病，致使发怒的情绪很难控制。建议经常发怒的学生记录自己每一次发怒的时间、地点、起因以及事件的全过程，在自己冷静下来以后进行分析。在对记录的资料进行分析之后，肯定可以找出规律。在探明自己发怒的原因之后，便可以有意识地进行调整，疏导自己的怒气。

（二）"焦虑"的排泄

焦虑是指内心感受到压力、冲突与矛盾而紧张，致使心情不能放松、不能平衡的一种非健康心理状态。外在表现为压抑、烦躁、不满、易怒、冲动、非理性等情绪。专家调查显示，我国大学生有10%～40%存在不同程度的心理不适，其中焦虑情绪是产生率较高的。虽然社会的全面进步让社会成员的幸福感越来越高，但对于大学生群体而言，由于社会竞争加剧，特别是就业等方面的压力增大，加之一些学生个人的原因，产生焦虑的人数有所增加。尽管适度的焦虑对大学生的学习和生活具有一定的积极意义，但持续、严重的焦虑却会使机体免疫能力降低、内分泌调节紊乱，从而损害健康。被焦虑所困的大学生，轻者抑郁自闭、社会交际能力差，重者会有严重的过激行为，应当引起我们的关注。

学习性焦虑和社交性焦虑是大学生焦虑的两个主要方面，其中又以社交性焦虑更为突出。社交性焦虑的排解，应当从日常的社交行为开始。

1. 不要经常发出抱怨之声

心理学家的实验证明，喜欢抱怨的人，情绪总是处于焦虑之中。在学习和生活中，没有一点抱怨的情绪产生是不可能的，聪明的学生能够用自己的理性加以适当的调节，运用积极的情绪加以化解，不让抱怨的情绪成为主导。

2. 对同学和老师要有基本的信任

研究发现，经常怀疑别人的行为和态度背后动机的人，容易产生焦虑的情绪。大学生只有对同学和老师具有基本的信任，才能消除人际关系的疑虑，使自己的情绪处于正常状态。

3. 不要企图取悦所有的人

企图取悦所有的人，是产生焦虑情绪的重要原因之一。生活经验告诉我们，即使是具有高超社交能力的人，也不可能让所有的人都对他产生好感。取悦所有的人的想法是幼稚的，也是徒劳的，是跟自己过不去。例如，本来对某个老师的人品和学问心存疑惑，却偏偏要装出五体投地的神情，即便是具有极佳的表演才能的人，也要承担极大的心理痛苦，在取悦他人的过程中，将痛苦留给自己。一个人被另一个人或者一群人反感，乃至讨厌，都是正常的现象，完全没有必要过于在意。"我没有必要取悦所有的人，就像所有的人没有必要取悦我一样。"完全可以将此作为与人相处的原则。

4. 对人对事要有自己的主见

对常常感到焦虑的学生进行观察，发现他们往往对人对事缺乏主见。常见的情况是，他们往往觉得他人的观点都有一定的道理，就是没有属于自己的道理。由于缺乏主见，他们显得十分善于"学习"与"模仿"，被他人的观点和行为所牵引。

5. 不要当生活的旁观者

现代科学理论认为，每一个团体中都有四种人：第一种是领导者，在团体中发挥引领和导向作用。第二种是支持者，是团体事业发展的骨干力量。第三种是反对者，在团体的事业进展中，发挥负面的影响和作用。第四种是旁观者，在团体的各项事业中，不发挥任何作用。有意无意地将自己从群体中游离出来的旁观者，以"看客"的眼光，看待自己的团体，拒绝参加集体活动，带给自己的往往不是快乐的体验，而是被冷落的"不爽"。

（三）情绪管理的方法

1. 心理暗示法

心理暗示对人的情绪具有很大的影响，有时候能够影响到人的认识能力和判断能力。心理暗示包括积极的心理暗示和消极的心理暗示两种类型。积极的心理暗示带来的是正面的积极的情绪。消极的心理暗示带来的是负面的消极的情绪。应当学会进行积极的心理暗示，避免消极的心理暗示。对于常常遭受不良情绪困扰的人来说，应当更加注重积极的心理暗示，培养乐观自信的积极情绪。国外的一些心理学专家建议人们，每天早上一睁眼，就默念三句话："我很幸福！我很健康！我能成功！"这就是典型的心理暗示。自己在一天刚开始的时候，就为自己发出了三条重要的信息，使自己始终处于健康、幸福、成功的状态，以积极的情绪，迎接一天的学习、工作和生活。在我国古代，人们将对人的情绪有调节作用的经典语言，写成对联或者条幅，挂在自己的书房里，营造积极的情绪场域。"宠辱不惊"，提醒自己不要因为受到重用而沾沾自喜，也不要因为官场失意而郁郁寡欢，以理性的认知对待仕途的升迁和贬谪。"淡泊名利"，提示人们不要过多计较品级的高低和钱财的多少，将名利看作身外之物。"不以物喜，不以己悲"是人间正道，"人为财死，鸟为食亡"乃世间悲剧。

2. 注意转移法

注意转移法，就是把注意力从消极的情绪领域转移到积极的情绪领域。这是消除不良情绪的基本方法之一。当被不良情绪长期困扰，久久不能摆脱时，可以通过目标的转移，找到一个新颖的刺激点和兴奋点，以抵消和冲淡原来的刺激点，消除原来的不良感受。可以尝试参加一些活动，如周末名师的学术讲座、班级之间的歌唱比赛、年级之间的拔河等。慢跑到郊区，呼吸一下新鲜空气，欣赏一下田园风光，会觉得心旷神怡，忧愁与烦恼，会被忘得一干二净。

3. 合理情绪疗法

合理情绪疗法也被称为认知疗法。心理学家埃利斯认为，人的情绪和行为障碍不是由某一激发事件引起的，而是由经受这一事件的个体对它不正确的评价和认知引起的信念，在特定情境下产生的情绪和行为结果。埃利斯告诫人们，要认识自己常有的不良情绪，并且善于发现自己对这些不良情绪的认知方式。培养一种好的自省习惯，不良情绪就会有所减少。大学生应当认识到，不良情绪不来源于外界，而是由自己的非理性信念引起的。不良情绪之所以得不到缓解，是因为仍然保持着过去非理性的信念。只有改变自己的非理性的信念，才有可能消除不良情绪。

4. 适度宣泄法

长期阻塞的情绪如果得不到疏通是会造成情感崩溃的。不良情绪必须及时释放出来，减少淤积和沉淀。常见的发泄方法有哭、笑、喊、说、听、写、动等。找个没人的地方大哭一场，让泪水冲洗掉内心的伤痛。大笑三声，用笑声送走失败，增强继续努力的信心。找个歌厅，放开喉咙，高歌一曲，用一段高昂嘹亮的大喊，开阔心胸，排解烦闷。在情绪不佳时，找人聊聊天，也是很好的办法，直抒胸臆地说出来，一吐为快。说完之后，会觉得轻松了许多。运动场上的狂奔，带来的不仅是身体上的大汗淋漓，也是情绪上的酣畅淋漓。

需要提醒的是，一个正在接受高等教育的人，在受到不良情绪困扰的时候，应采取文明和科学的方法加以疏导和化解，不能使用不理智的暴力行为。

三、人际关系管理

（一）人际关系的定义

人际关系也就是我们常说的"人脉"。人际关系的定义由于人们所处的环境、社会地位不同，对其的理解也有所不同，我们可以将其理解为：人与人之间由于交往而产生的一种心理关系。不论是亲密关系、疏远关系，还是敌对关系，统称为人际关系。因此，人际关系实际上又反映了人与人之间心理上的距离。人际关系是人类社会不可缺少的组成部分，人的许多需要都在人际交往中得到满足，它的好坏反映了人们在相互交往中物质和精神需要能否满足的心理状态。

（二）大学生建立良好人际关系的意义

1. 有利于大学生身心健康发展

首先，良好的人际关系能起到代偿作用。和谐的同学关系、师生关系可以代替、补偿其与父母兄弟姐妹的亲情，从而减少或消除失落感与孤独感。其次，良好的人际关系能起到稳定情绪的作用。最后，良好的人际关系有助于大学生自我意识的发展与深化。置身于良好的人际关系中，能使大学生感到自己为他人所承认，从而满足自尊心，也能增强自信心与自豪感。通过人际交往，体现人与人之间的爱护、关怀、信任和友谊，使精神需要得到满足。大学生在彼此的交往过程中，相互进行情感交流，满足心理、生理上的需要，培养良好的情绪、开朗的性格和乐观的生活态度，可以促进自己身心健康发展。

2. 能加快大学生的社会化进程

每个人的社会化都是在人际交往和建立良好人际关系中进行的，人际交往是社会化的起点，人际关系是人们生存和发展的前提条件。良好的人际关系有助于大学生获得更丰富的信息，保持与社会的密切联系，明确和承担自己的社会责任，从而为将来全面进入社会打好基础。

3. 有助于大学生学习知识、掌握技能

现代社会的发展使信息的获取渠道丰富起来，大学生在交往的过程中获取的信息对学习会起到积极的作用。自己从书本上获取的知识毕竟有限，人际交往是获取新知识的有效途径。每个人都有自己的成功经验，而这种宝贵的经验往往都是通过亲身实践得来的，广泛的交际圈，可以让大学生探索到更多成形的实践知识和技能。

4. 能促进大学生集体主义思想的形成

集体是大学生锻炼、成长的大熔炉，团结的集体与良好的人际关系是相互统一的。在良好的人际关系影响下，每个人的集体主义思想都会得到一定的培养和锻炼，良好的人际关系可以较好地调节和化解个人利益与集体利益产生的矛盾，达到利益上的一致，还能使学生产生良好的集体归属感和荣誉感，促进集体主义思想的形成和发展。

5. 有利于大学生的职业发展

俗话说，"朋友可以让你拥有世界"。渴求事业成功是每个学生的追求。有人做过研究，一个人的成功等于20%的能力加上80%的人际关系。大学时代建立的友谊，是不含有任何利益的，这种友谊简单而又牢固。在毕业求职、事业发展的过程中，朋友的举荐和帮助，会给我们带来意想不到的收获。

人类的生存和发展伴随着人与人的交往和人际关系的发展，大学生正处在学习知识和技能、认识社会、探索人生的重要的发展阶段，大学生的所有活动都是在与人的交往过程中进行的，良好的社会交往对大学生的成长具有积极的作用。总之，人际交往对当代大学生有重要的积极意义，人际交往不仅是大学生向社会化转变的基本途径，还是大学生身心健康发展和事业成功的重要保证。

（三）大学生人际交往存在的障碍

1. 缺乏主动交流的心理能力

人际关系作为人与人之间的心理活动，是主动的、相互的。部分大学生由于缺乏这种主动交流的心理能力，在面对陌生人，尤其是异性时，出现害羞、主动回避、畏缩等情况，在别人面前面红耳赤、目光紧张、心跳加快、讲话吞吞吐吐、难以自我控制等。

2. 部分学生性格内向

部分学生由于从小性格内向，不善于交际而表现出胆怯、多虑、不合群等，在学校里上课不敢发言，除了要好的同学外，与大多数同学很少接触，常常独自活动，远离人群，看到老师绕道而行，尽量回避学校集体活动。通常这些学生的自尊心很强，做事要有绝对把握才行，不敢冒半点风险，所以多是受环境和别人的支配，缺乏主动性，久而久之更羞于与他人接触。

3. 部分学生存在自卑心理

自卑，即对自己的知识、能力、才华等做出过低的评价，进而否定自我。部分学生由于相貌、智力、受教育的程度、所处的社会地位等不如他人而产生自卑心理，自卑的人在交往中，虽有良好的愿望，但是总是怕被别人轻视和拒绝，因而对自己没有信心，很想得到别人的肯定，又常常很敏感地把别人的不快归为自己的不当。有自卑感的人往往过分自闭，为了保护自己，常表现得非常强硬，难以让人接近，在人际交往中变得格格不入。

4. 心理承受能力差

现在的大学生，大多数是独生子女，部分学生由于从小在父母的关怀和爱护下长大，没有学会分享与理解，很少遭受挫折，一旦遇到交往方面的挫折，如初恋失败、当众出丑等，就变得胆怯怕生、消极被动，甚至对大学生活失去希望。

（四）影响人际交往的主要因素

1. 自我概念

自我概念是指个人对自己的看法，如觉得自己是美丽、聪明的，或是害羞、没有指望的，不论这些看法是否正确，是否与别人对自己的看法一致，都将影响个人以后的行为和生活，也会影响个人和别人的关系。

2. 自我坦诚

人际关系，必须在人与人之间发生关联之后才能产生，因此除了对自己、对别人有一个适当的概念之外，还需进一步地开始与人互动，经由彼此的自我坦诚，让对方了解自己，让自己了解对方。经过自我坦诚，我们才能与别人进行有效的沟通。

3. 个人特质

①真诚。人们通常更喜欢以真心待人的人，不喜欢有心机、欺骗、算计别

人的人。②热情。一个亲切、温和、面带微笑的人，通常比一个冷淡、漠然、面无表情的人更让人乐于亲近。③能力。人们通常喜欢跟聪明、有能力的人在一起，主要原因是跟有能力的人在一起，对我们比较有利。他们可以帮我们解决问题，想出新点子，让生活更有趣、更容易。④外表吸引力。研究发现，在其他条件都相等的情况下，一个外表较具吸引力的人，比外表不具吸引力的人，更受人喜爱。⑤其他令人愉快的人格特质。拥有开朗、心地善良、不自私、关怀体贴等特质的人，也较令人喜爱。

4. 人与人之间的情境因素

一是接近性，人际关系的发展是以接触为基础的，只有彼此相当接近，适时地提供支持或帮助，才能维持感情。接近性使人们彼此接触的机会增加，从而产生吸引，才能在需要的时候，使熟悉的可能性增加。二是熟悉性，熟悉可以减少我们的不确定性，使我们较为安心。

5. 双方特质之间的关系

①相似性。彼此之间态度、价值观，以及人格特质的相似性是影响友谊的重要因素。②互补性。需求上的互补，即一方需要的，正是另一方所能提供的，或一方缺少的，正是另一方所具备的，都可能导致彼此间的吸引。

第二节　大学生的职业发展

一、确定职业发展目标

职业发展目标的确定是一个人职业生涯中最基本、最重要的内容，因此先要明确整个职业发展方向，从而确定职业发展目标。

（一）职业发展方向的确定

职业发展方向就是以现在所处的位置为起点，准备到达的目的地所在的方向，如果以圆的中心代表个人所处的位置，围绕在圆心周围的圆周上存在着无数个可能的职业发展方向，只有选择了正确的前进方向，才能确定正确的职业目标，才能到达目的地，在职业发展的道路上，如果职业发展方向不明确或变化很大，尽管付出了巨大努力，也很难取得满意的成绩。

职业发展方向的确定，就是人生目的地所在方向的确定，这一方向应该具有几个显著特点：①与自己核心的人生价值、人生抱负一致。②与自己最强烈、最持久的兴趣相符。③与自己的智能特点、潜力匹配。④与自己的个性特征协调。⑤符合社会发展需要，顺应社会发展的大趋势。⑥远望可及，不是空想，经过努力有望实现。

（二）职业发展目标的确定

职业发展目标的确定既要科学合理，又要明确可行，一般确定的原则是由远及近、由粗到细，如果对长期目标较为模糊，则可以用一些表明追求的句子代替具体的职位，如用"活得有权威、有意义"代替"政府高级官员""企业老板"等较具体的职位名称。近期目标可以有多种选择，但每一个目标都应该明确具体。目标不仅要有一定难度，还要十分明确，确定时应注意以下几点。

1.人生追求是确定职业发展目标的指针

人生追求的描述应简洁、重点突出。如"生活富足而有意义""活得有尊严、有地位""自主而富有创造性""脱贫致富""简约、安定、快乐""拥有学问，拥有财富"等。

2.人生职业发展目标是个人希望攀登的最高山峰

职业目标的确定要与人生追求一致，目标应尽可能明确。例如，"政府高级公务员""学者教授""院士""科学家""企业家""艺术创造人员""军事专家""著名律师"等。如果不能确定很明确的职业目标，则可以用较为模糊的词语表示，如"工作或事业成功""充分发挥个人潜能""能合理地赚取较多金钱"等。

3.阶段发展目标是通向职业高峰的一系列渐渐升高的山峰

从职业目标高峰到自己的脚下，一条漫长的攀登路是由一系列阶段目标连接起来的。阶段目标由远及近，越来越清晰，越来越具体。例如，一个学者教授由远及近的阶段目标可能依次是：著名教授、教授、副教授、讲师、助教、见习教师。阶段目标可多可少，有时不一定很明确，这一条长长的路经常会随着社会和个人发展的变化而改变。

4.当前目标要清晰可见

其他目标都可以较为模糊，可以暂时显得高不可攀，唯有当前目标必须十分清晰，十分具体，虽有高度，但经过努力，一定可以实现。

二、职业成功的基本要素

有这样一种现象在高校毕业生中并不罕见：毕业之后的若干年，同学聚会时猛然发现过去在学校里普普通通的人现在当上大领导了；过去调皮捣蛋不好好读书的人做生意很成功；而过去老师和同学眼中规规矩矩的好学生不是原地踏步就是怨天尤人。这到底是为什么呢？这只能证明学校的"好学生"不一定就能事业有成，从学校到单位的环境与角色转变，有很多事情都需要重新开始，慢慢学习，想要让职业的发展达到自己预期的效果，应注意以下几点。

（一）知识是基础

学校里学习的都是系统的理论知识，都有现成的教科书，有教师讲解。到了工作岗位上，实际应用是多角度、全方位的，没有人告诉我们哪个该学、怎么学，知识积累全靠自己探索。大学生毕业走上工作岗位就会很快发现要学的知识很多，而且是学校里、课本上没有教过的，即使是课本上教的知识很多也都是陈旧、不实用的，所以一般企业对于新人都会组织培训，也会安排老员工帮助他们，但是很多职场新人在学校的时候学习就很被动，不写论文从来不查资料，不考试从来不复习。

很多毕业生招聘的时候说自己什么都会干，在实际工作中做错事情却说是因为公司没有培训、没有人来教。学校里学的东西在企业可能会过时，这与知识结构不匹配有关，所以作为大学生，在进入企业之后要不断学习，保持知识方面的更新，同时保持自己在职场上、行业里的竞争力。

在企业一定要让自己处在不断学习的状态中，不断更新知识，不懂就学、就问，从主管身上学，从老员工身上学，从我们的竞争对手和合作伙伴以及客户那里学，学习别人的经验，学习别人好的处事方法和态度，尤其要更多地了解自己所处的行业以及所在的企业将会用到的知识。

（二）技能是核心

对于高职高专的学生来说，专业技能是饭碗，企业正是因为这部分毕业生具有技能才录用的。在学校里学生可能已经掌握了一种甚至几种技能，这些技能的掌握情况将决定学生的职业发展前景。虽然在学校里专门学习过，但大多是纸上谈兵，只有在实际运用中，在社会大课堂中才能真正发挥作用。这就要求学生用理论指导实践，用实践深化理论。与此同时，还有一类职业技能不在学校教授的范围之内，如发现问题并解决问题的能力、有效沟通的能力，那么这些就需要学生在实践中观察成功事例、反思自身不足、不断摸索改进，最终运用自如。

职业技能是决定职业生涯成败的核心要素，在学校的时候，一门课程结束了，考试通过了，书本也就束之高阁了；而在我们未来几十年的职业生涯中，技能将始终伴随我们，因此要求学生努力学习职业技能。

（三）态度是关键

很多资深的人力资源经理都认为，绝大多数职场上的人彼此之间的智商差别并不大，但每个人的结果却各不相同。除年龄、学历等差异外，更多的是来自情商的差异结果。情商说来笼统，实际上就是工作中体现出来的主动工作、吃苦耐劳、诚实认真、尊重他人、宽容自谦等优良品行。一个成功者往往具备超出常人的情商，在他成功的背后是不寻常的经历，就如同我们常拿冰山来举例子，露在海面上的冰山只占整个冰山体积的一小部分，而冰山的大部分则隐藏在看不到的海底。简单地说，成功的基石是别人看不到的背后的故事。

支持这些优良品行的那种信念以及具备高情商的基础都是态度。也就是说，有了正确的态度，就有了正确的信念，有了正确的信念，就有了良好品行的体现，有了这些就会有成功的结果。态度决定思想，思想决定行为，行为带来习惯，习惯养成性格，性格决定命运，命运改变人生。

（四）身心健康是本钱

没有一个好的身体是无法承担和完成工作任务的，会影响职业成功。现代健康的含义不仅是传统上所指的身体没有疾病，还是指一个人生理上、心理上和社会上的良好状态。现代生活节奏快，工作竞争激烈，人们都在为自己以后更美好的生活而努力着。然而，就在人们努力创造物质财富的同时，身体健康常常被人们忽略。所以，职场新人一定要懂得珍惜身体，保持身心的健康。

三、促进职业发展的方法

（一）树立终身学习意识

社会在不断发展变化，职业的结构、内容和用人要求也在不断变化，而个人的职业意识、职业素质以及知识能力必须通过学习才能提高。大学教育固然重要，但毕竟只是短暂的一个阶段。大学毕业之后的延伸学习和重新学习，对毕业生选择及重新选择职业岗位和取得职业成就，无疑具有更重要的意义。尤其是在当前的知识经济时代，获取知识、运用知识和创新知识的能力是一个人成功的重要因素。善于学习、有较强的学习能力和思维能力的创新型人才，才是知识经济时代的强者。

一份成功的学习计划应符合以下几点：①要有清晰的人生蓝图，即知道自己想要什么，自己的职业目标和职业定位是什么。②要有激励性。终身学习不同于短时间的学习，更多的是需要一个人的意志力和持久性，因此设计一些能够自我激励的方法不失为督促终身学习的好策略。③要弥补自己的劣势。终身学习的内容已不单单是知识的学习，更多的是要学习如何更好地在职业和社会中求发展，因此必须明确自己在工作中的各种劣势，从而有目的、有针对性、有方向地进行学习，逐渐将自己的劣势发展为优势，发挥自己的最大能力。④要重视阅历和观摩。与学生时代的学习不同，终身学习更多伴随的是阅历的增加、视野的拓宽，要注重实践历练。同时，在终身学习中一定要学会广结良缘、寻找榜样。

（二）强化职业生涯规划管理

对个体来说，要尽可能了解自己所在组织的职业生涯管理模式，要根据自己的兴趣、能力和发展目标有效地管理自己的职业生涯规划，使自己和组织目标协调一致、共同发展。

1. 适时进行自我评价

适时进行自我评价是职业生涯规划管理的一项重要内容。在生活中我们常常发现，虽然很多大学生在毕业前已有非常具体详细的职业生涯规划，但是在以后的职业生涯发展过程中却一味地跟着感觉走，结果会慢慢地偏离自己当初的职业生涯规划，使职业生涯发展又变成了盲目发展。因此，在职业生涯发展的过程中，应适时地将自己的职业发展状况与职业生涯规划进行对比，做出自我评价，从而及时调整行为或更改规划目标，使自己的职业生涯发展有规划而非盲目地进行。

2. 职业规划调整

人生道路没有一成不变的，职业发展路线也是如此。好的职业发展路线不仅能实现自己最初的职业生涯理想，还应能顺应社会和职业的发展要求，灵活变动以求最优的结果。在职业发展过程中，很多因素会导致职业生涯的改变甚至是重新选择职业，包括个体的主客观因素以及社会和职业因素。例如，兴趣志向发生了转变，或教育深造所产生的变动、家庭环境的变化、工作环境的改变等。在这种时候，就需要我们对先前的职业生涯规划进行适时调整和修改。

这种调整可以是对职业的重新选择，也可以是对职业生涯路线的改变，或是对阶段目标的一些修正，或是变更实施措施等。

调整职业生涯规划，要根据个人意向和环境需要而决定，而且，调整要遵循一定的法则，首先应该是修正计划而不是目标，当修正计划无法完成目标时才应考虑调整目标完成的时间，当延长时间和降低要求都不能实现目标时，则要考虑放弃目标而重新设定新的目标。但是无论怎样调整，通过不断评估和修正，最终的职业生涯规划应该是更成功、更适合自己职业发展的。

3. 时间管理

时间管理是职业生涯规划管理中最为关键的一个项目。一位世界知名的企业家曾在《财富》双周刊上说道："对我们大部分人而言，我们必须做出的最重要决策就是如何去使用自己的时间。对我来说，我就不会将自己的时间花在需要很多生产力而成果却平凡无奇的事情上面，而且，只要我能找人去做的事情，我绝不会自己去做。"对时间的管理实际上就是对资源和对自我行为的管理，因为只有管理好自己工作和生活的时间，才能更好地提高效率，才能使有限的生命发挥出最大潜能。

要想管理好自己的时间，一定要讲求一些策略。首先，要设定时间使用标准，计划好做每件事情的时间，对每天的时间安排进行管理。其次，要找出最重要的事情来。有研究者曾经提出，真正重要的有意义的事情只占所有使用时间中的20%，而剩余80%的时间往往都用在了一些次要的琐事上。因此，要想利用和管理好自己的时间，一定要区分出哪些事情是重要的，需要尽快解决，而哪些事情只是次要的，可以不予理会。最后，在区分主次之后就要找出正确做事的顺序，其顺序依次应该是：重要而紧急的、重要但不紧急的、紧急但不重要的、不紧急且不重要的。

四、提升职业适应力的方法

职业适应力并不是与生俱来的，它既需要个人自身的天赋，又需要经过磨炼和学习来提升。要在实际岗位上讲求学习方法和工作方法，不断提升自我，逐步适应新的工作环境。从影响职业适应力的主要因素来看，调整心态、积累实践经验是提升职业适应力的有效方法。

（一）调整心态

一般刚参加工作的大学毕业生所处的岗位大多是基层的，和自己的理想职业存有落差，因而需要有充分的心理准备。一方面锻炼自己的抗压能力；另一方面要以恰当的心态来面对新环境。

世界 500 强企业富士康公司总裁郭台铭有一句名言："当你感到有压力的时候，说明你的能力不够。"对待压力最好的办法就是尽快熟悉业务，在平凡、枯燥的工作中，寻找乐趣，努力创新。

除了对待职场压力要保持良好的心态，事实上开始一项新工作在许多方面都需要一个稳定且乐观的心态。①面对工作的枯燥无味时要保持好心态。很多新人在进入公司后，用学生的眼光看待企业，对企业现状不满，忍受不了企业的"规矩"，没有耐心去适应企业。其实，每个企业都有优势和劣势，新人最重要的是学会适应新环境，快速融入企业，在和企业相互深入了解后，找到自己合适的位置。②在与人沟通交流中要有谦虚学习的心态。作为职场新人，面对上司、对待同事都要尽可能地以向他人学习的态度进行沟通交流。不要急功近利，更不能骄傲自满，要多观察和学习他人的经验，弥补自己的不足。③面对挫折、遭遇低谷时更要有乐观向上的心态。没有任何人的职场经历是一帆风顺的，对刚刚毕业的大学生来说更是如此。只有经历了波折与风浪，在以后的职业生涯中才会有更加优异的表现和更好的发展。

（二）积累实践经验

在现实中，把工作经验看得比学历和学校更为重要的招聘单位并不在少数。大学毕业生无论是在学习期间还是进入职场后，都有大量的机会进一步积累自己的实践经验。

①大学期间的实习是一座非常好的桥梁，能够帮助大学生对社会和职业有一定的了解，同时在实践中开阔视野，增长见识，为其进一步走向社会打下坚实基础，因而大学期间的实习是毕业生走向工作岗位的第一步。毕业生一定要认真对待实习，不要以为与真正的工作不相关就敷衍了事。

②从平时的工作学习细节出发，也是积累工作经验的良好途径。很多大学生在毕业之前甚至连一份社会工作的经验都没有，基本上将自己封闭在一个独立于外界的真空内，这无疑会影响企业在招聘时对大学毕业生的评价。因此，大学生应在踏入社会之前有意识地对社会环境进行了解和认识，尝试越多经验越多，也就越有利于自身今后的职业发展。在课余时间可以通过应聘和就职一些临时的工作岗位，一方面熟悉应聘的场景和要求，锻炼自己的应变能力，另一方面在见习的过程中多向有工作经验的同事学习，锻炼自己的工作能力。在寻求见习机会时，不要一味地考虑工资待遇或工作环境，因为见习更多的是一

种自我锻炼，而并非决定一生发展的真正工作。

　　如何才能让自己尽快地适应工作是每个大学毕业生在进入职场社会时必须要面对的首要问题。提高职场适应力能够帮助职场新人在自己的职位上站稳脚跟、快速发展。相反，一旦在职业适应上出现问题，那么影响的将不仅是工作，甚至是个人的人生道路。因此，大学毕业生必须做好心理准备和行动表现，从大学学习生活期间就开始有目的地培养和提高自己的职业适应力，从而为今后的职业发展奠定基础。

第七章 大学生创业指导与能力训练

为了适应时代的发展与进步，大学生创新创业已成为一种发展趋势，目前的就业形势依然严峻，大学生创业也是解决就业问题的重要途径，但是要对大学生的创业给予适当的帮助与指导，同时对大学生的创业能力进行训练。本章分为走进创业时代、大学生创业准备、创业项目的选择与决策、创业计划书的编制与创新创业计划的实施三部分，主要内容包括大学生创业的时代背景、大学生创业的环境、创业机会的识别、创业资金的筹措、创业计划的制订、注册登记、创业中四种关系的调适、创业项目选择、创业项目决策、创业计划书概述、创业计划书的编制以及创新创业计划的实施等。

第一节 走进创业时代

一、大学生创业的时代背景

20 世纪 80 年代，创业在国外开始盛行。当时我国由于实行计划经济体制，高校毕业生由国家统一分配，就业压力小，而且社会的各种资源都由国家统一调控和分配，市场的自由度不高，所以大学生创业并不多见。随着我国经济体制的转变，社会资源流动加速，国家政策对创业的支持和鼓励，国外创业的示范作用和我国一些成功创业的例子不断激励着大学生，大学生创业开始变得频繁起来。与此同时，大学生就业在面临发展机遇的同时，也面临一些挑战。首先，科技进步给大学生就业带来了挑战。现在是知识经济社会，科学技术突飞猛进，经济全球化加速，生产自动化程度提高，产业结构调整，科学技术作为第一生产力的作用日益彰显，部分传统产业和传统技术逐渐被淘汰，导致传统产业的就业机会逐渐减少、岗位不断压缩，给大学生的就业带来了巨大的挑战。其次，高校扩招给大学生就业带来了挑战。伴随经济体制的转变，大学生的就业机制也发生了变化，由国家统一分配到双向选择再到自主择业，大学生不得不靠自己的努力去找工作。

二、大学生创业的环境

大学生创业离不开创业的环境，创业环境给企业提供了各种制度、政策和法律的保障。此外，创业环境还为企业搭建各种平台，提供各种资源、机会和市场需求。大学生创业的环境包括宏观环境和微观环境两个方面。

（一）宏观环境分析

宏观环境是企业面临的客观形势与条件，是企业必须依靠且无法改变的条件，其主要包括人口环境、经济环境、自然环境、技术环境、政治环境、法律环境和文化环境等。

1. 人口环境

我国的计划生育政策产生了同时受父辈和祖辈宠爱的一代人，这些人的价值观、人生观、世界观与上一代人有很大的不同，而人的行为受思想的影响，人的价值观、人生观、世界观会对人的人生追求、工作态度、工作效果、积极性、主动性和创造性产生重大影响。我国的计划生育政策引起了中国人口特征的另一个重大变化——老龄化人口的高速增长。人口年龄结构的变化，会影响到劳动力的供给，影响到人力资源的培养与开发，影响到企业的生产效率、生产效益和工资福利的发放。地域性人口迁移、农村人口流向城市、城镇化速度加快，既给大学生创业带来了机遇，也带来了很多挑战。

2. 经济环境

经济环境由影响创业者的经济政策因素构成，经济环境的构成因素有很多，其影响是复杂而显著的。影响创业的经济因素主要有：经济增长率、财政与货币政策、利率、汇率、消费、投资、通货膨胀、国家的宏观经济状况、经济发展形式、产业结构等。

3. 自然环境

自然环境指创业投入所需要的，或会受创业活动影响的自然资源。自然环境为创业者提供各种必需的资源和条件，资源分布的优劣程度、环境的污染程度都会对创业者的创业行为和结果产生很大的影响。创业者在创业过程中，应该考虑创业所需要的资源是否充足，创业过程中是否会对环境造成污染，如空气污染、水污染、噪声污染和土壤污染等。

4. 技术环境

科学技术是第一生产力。技术环境或许是对我们的生活影响最大的因素，体现为科技已经创造了诸如抗生素、机器人手术、微电子、笔记本电脑和互联网等奇迹。然而，科学技术也是一把双刃剑，其既给社会带来了发展机遇，也带来了严峻的挑战。新科技能创造新的市场和机会，同时新技术取代旧技术也会造成损害和浪费资源。

5. 政治环境

政治环境是指企业运营的外部政治形势，政治环境一般由会对社会中的各种组织和个人产生影响和限制的法律、政府机构和压力集团构成。一个国家政局的稳定与否，对企业运营和发展具有重大的影响。如果政局稳定，人民安居乐业，就能给企业创造一个良好的环境；相反，政局不稳，社会矛盾尖锐，秩序混乱，就会影响经济发展和市场的稳定。在对外贸易活动中，企业一定要考虑到东道国政局变动和社会稳定情况可能造成的影响，因为政治环境的发展变化对创业决策的影响很大。政治环境主要包括国内政治环境和国际政治环境。国内政治环境包括政治制度、政党和政党制度、政治性团体、党和国家的方针政策、政治气氛；国际政治环境主要包括国际政治局势、国际关系、目标国的国内政治环境。

6. 法律环境

法律环境是指国家或地方政府所颁布的各项法规、法令、条例等，它是企业营销活动的准则，企业只有依法开展各种营销活动，才会受到国家法律的保护。企业的营销管理者只有熟知有关的法律条文，才能保证企业经营的合法性，运用法律武器来保护企业与消费者的合法权益。

法律环境的因素主要包括：①法律规范。特别是和企业经营密切相关的经济法律法规，如公司法、中外合资经营企业法、合同法、专利法、商标法、税法、企业破产法等。②国家司法执法机关。在我国主要有法院、检察院、公安机关以及各种行政执法机关。其中，与企业关系较为密切的行政执法机关有工商行政管理机关、税务机关、物价机关、计量管理机关、技术质量管理机关、专利机关、环境保护管理机关、政府审计机关等。此外，还有一些临时性的行政执法机关，如各级政府的财政、税收、物价检查组织等。③企业的法律意识。企业的法律意识是法律观、法律感和法律思想的总称，是企业对法律制度的认识和评价。企业的法律意识，最终都会转化为一定性质的法律行为，并产生一定的行为后果，从而构成每个企业不得不面对的法律环境。④国际法所规定的国际法律环境和目标国的国内法律环境。对从事国际营销活动的企业来说，不仅要遵守本国的法律制度，还要了解和遵守国外的法律制度以及相关的国际法规、惯例和准则。

7. 文化环境

社会文化是人们的价值观、思想、态度、社会行为等的综合体，文化因素强烈地影响着人们的购买决策和企业的经营行为。不同的国家有不同的主导文化传统，也有不同的亚文化群、不同的社会习俗和道德观念，从而会影响人们的消费方式和购买偏好，进而影响企业的经营方式。因此，企业必须了解社会行业准则、社会习俗、社会道德观念等文化因素的变化对企业的影响，需要鉴别出对企业有影响的各种利益团体。

（二）微观环境分析

1. 企业

在创业过程中，创业者应该考虑到企业的使命、目标、整体战略、规章制度和组织结构。此外，创业者要考虑企业的其他人群，如高级管理层、财务、研发、采购、运营和会计，因为这些相互关联的群体构成了企业内部环境。

2. 供应商

供应商，即向企业供应原材料、零部件、能源、劳动力等资源的企业组织。供应商所提供的资源对企业的生产经营有直接影响，特别是在资源短缺时，其影响更大。因此，创业者在选择供应商时，应注意以下三个问题：第一，供应商的情况评审。第二，可供物资的规格标准。第三，产品质量、交货期的准确性、信贷条件、担保和低成本的最佳组合的影响。

3. 营销中介

①中间商是协助企业寻找客户或直接与顾客进行交易的企业，包括代理商和经销商。其中，代理商又称为经纪人或制造商代表，他们专门介绍客户或与客户磋商交易合同，帮助生产企业寻找买主、推销产品，但对其所经营的商品没有所有权；经销商又称为商人，他们是转售商品的企业，如批发商、零售商和其他再售商，他们购买商品，拥有商品的所有权，再出售商品。②营销服务机构是指市场调研公司、咨询公司和广告公司等。营销服务机构主要协助企业选择最合适的市场，并帮助企业向目标市场推销商品。③实体分配公司是指协助企业储存产品和把产品从原产地运往销售目的地，为商品交换和物流提供便

利，但不直接经营商品的企业或机构，主要包括仓储公司和运输公司。④金融机构，包括银行、信贷公司、信用社和保险公司以及其他对货物购销提供融资和保险的各种公司。

4. 顾客

企业需要仔细研究五种类型的顾客市场。其中消费者市场由出于个人消费目的而购买产品和服务的个人和家庭构成；企业市场为进一步加工和生产而购买产品和服务；经销商市场购买产品和服务的目的是通过转售获取利润；政府市场由以提供公共服务或将产品和服务转交给其他人为目的而购买产品和服务的政府机构组成；国际市场由其他国家的购买者构成，包括消费者、生产者、经销商和政府。

5. 竞争者

企业必须提供比竞争者更高的顾客价值和顾客满意度，因此，创业者必须对自身企业的优劣十分了解并进行分析，做到知己知彼，取长补短，充分发挥自身企业的比较优势。

6. 公众

公众是对组织实现其目标具有实际或潜在影响的任何群体。公众可以分为七类：①金融公众。其能影响企业获取资金的能力。企业的主要金融公众包括银行、投资公司和股东。②媒体公众。主要发布新闻、专题节目和社论式评论，包括报纸、杂志、广播电台和电视台。③政府公众。企业管理层必须重视政府的发展，应经常就产品安全、广告真实性和其他事宜向企业的律师咨询。④市民公众。企业的决策可能会受到消费者机构、环保群体和其他群体的质疑，企业的公关部门应帮助其与消费者和市民群体保持联系。⑤当地公众。包括邻居和社区机构。大企业通常会派遣社区关系专员处理社区问题、参加会议、回答提问，并促成有意义的事件。⑥一般公众。企业应关注一般公众对其产品和活动的态度，企业的公众形象会影响公众的购买活动。⑦内部公众。包括员工、管理者、志愿者和董事会。大企业通过简报和其他途径告知并激励其内部公众，当员工对企业感到满意时，其正面态度会溢出并感染外部公众。

第二节　大学生创业准备

一、创业机会的识别

创业者从成千上万繁杂的创意中选择了心目中的创业机会，随之持续开发这一机会，使之成为真正的企业，直至最终收获成功。在这个过程中，机会的潜在预期价值以及创业者的自身能力得到反复的权衡，创业者对创业机会的战略定位也越来越明确，这是一个动态反复的过程。

创业者在创业初期一项重要的工作就是信息收集和市场调研，通过进行信息收集和市场调研，可以让创业者充分了解顾客、竞争对手、潜在的市场规模、供应商和分销商的背景、市场的进入和退出壁垒、行业状况等市场信息，只有充分了解和掌握市场情况，才能做出科学的创业计划和决策。所谓的二手资料就是指经过编排、加工处理的现存的数据，这些数据可能来源于企业信息系统，也可能来源于图书馆、政府机构、大学或专门的咨询机构，当然还有互联网等。创业者应当尽其所能去获取更多的二手资料，充分利用这些资料可以让创业者少走很多弯路。

一般情况下，创业机会的市场规模越大，相应的创业企业的销售量的增长速度也越快。创业机会带来的市场规模总是随时间变化而变化的，随之而来的风险和利润也会随时间变化而变化。

创业机会的优劣判断。即使创业机会有较大的原始市场规模，存在较大的时间跨度，市场规模也随着时间以较快的速度扩大，创业者也要对该机会做进一步的评估，看它是否是好的机会。

二、创业资金的筹措

大学生创业的最大障碍是缺乏资金支持。事实上，创业资金可以通过多种渠道获得。①亲友投资和个人积蓄。大学生创业者目前选择最多的融资渠道是亲友投资和个人积蓄。在我国创业成功者中，不乏利用这两种方式获取创业启动资金的例子，如网易创始人丁磊的起步资金就是他本人的 50 万元积蓄。大学生创业者和其家庭承担全部资金投入，也必然承担巨大的风险，这使许多大学生对创业望而却步。②风险投资。据美国风险投资协会的定义，风险投资是由职业金融家投到新兴的、迅速发展的、具有巨大竞争潜力的企业中的一种权益资本。③银行贷款。小额（担保）贷款，是国家为解决有创业意愿、有创业技能的符合条件的人员对创业资金的需求，由政府拨付专项资金提供担保和贴息，金融机构发放的贷款。大学生可以关注和查询相关信息，或向相关部门进行咨询。④政府科研／创业基金或优惠贷款。大学生也可以通过多种社会渠道获取资金支持，其中较为便捷的方式就是申请大学生创业基金。大学生创业基金种类繁杂，但大多是由政府机关与大企业联合建立的。⑤其他融资方式。如信托投资公司和典当行等非银行金融机构，这些金融机构都以融资方便、快捷著称。此外，合伙投资创业由于共同出资降低了风险，也广受大学生创业者欢迎。

三、创业计划的制订

一个缜密翔实的计划是良好的开端，一个完整的创业计划包括以下内容。

（一）整体概念陈述

包括对创业点子的介绍、对获利潜能和可能存在的风险的评估。产品或服务内容的描述应涵盖制造过程中的各项成本、名称或所需的包装，以及任何独特或极具竞争力的有利条件。另外，计划本身也要记录产品或服务的保证措施和进入这一行业时可能会遭遇的阻碍。

（二）创业团队

创建一个企业需要做的事情非常多，创业团队的人员结构首先要合理，要有专司组织协调的人员、技术人员、财会人员、营销人员、生产组织人员等。在创业初期，即使没有办法集合到足够的专业人员，但所承担的业务也必须分摊到位。许多创业者没有选择合适的合作者，当产生分歧时，各持己见，不欢而散，致使创业失败。创业计划中必须体现团队精神或团队理念。

（三）商品、行业与市场

创业计划必须通过分析商品、行业和市场来制订营销策略、经营管理策略、风险控制策略等。在创业计划中，应有一份执行进度表，其中包含详细的工作内容、执行时间。

四、注册登记

只有注册登记，才享有合法身份，才能不断发展壮大。注册登记的程序为：①申请开办。申请开办就是获得有关主管部门的批准。申请公司开业时，应向这些部门提交开办公司的申请报告。申请报告应写明开办公司的宗旨、公司的名称及地址、负责人的姓名、公司的性质、生产经营范围、生产经营方式、公司资金总额、职工人数、筹建日期及其他需要写入的内容。②申请开业登记。在申请开办获得批准后，即可申请开业登记。③领取营业执照。这是登记审批程序的最后一个环节。公司自领取营业执照之日起即宣告成立，标志着公司取得了法人资格，同时也取得了公司名称专用权和生产经营权。④变更登记。如因企业生产经营需要或者其他原因需要变更登记事项时，就必须办理变更登记。合伙企业或责任有限公司在增加或减少合伙人和股东人数的时候，也应办理变更登记。如要变更登记的事项涉及营业执照上注明的内容，还应换发营业执照。⑤税务登记。税务登记是纳税人履行纳税义务，向税务机关办理的必要的法律手续，是纳税人的一项基本法定义务，是税务机关依据税法的有关规定，对纳税单位和个人的生产经营活动进行登记管理的一项基本制度。纳税人办理税务登记的程序为：一是申请办理税务登记；二是审核税务登记表，填发税务登记证；三是在领到税务登记证之后悬挂在营业场所，亮证经营；四是定期验证和换证。⑥银行开户。企业在获得营业执照之后，应当选择当地一家银行或信用社开户。各银行在服务水平、效率等方面不尽相同，创业者在比较、调查之后，选择一个银行或信用社，开立账户。

五、创业中四种关系的调适

（一）与政府机关的关系

大学生创业者与政府相关部门打交道，必须讲究艺术，切忌死板。①摆正位置。企业和国家是一种依属与被依属的关系，大学生创业者要明确自己的位置，摆正与国家的关系，切忌"越位"。若考虑问题仅从自身利益角度出发，毫无顾忌地去做于己有利的事，后果不堪设想。②要求适中。政府的许多政策、法令及法规都为企业的经营活动指明了大方向，但常常会有照顾不周的地方。如果此类细枝末节影响到企业的合理利益，可以向政府提出，相信政府会给予有效解决。③"维权"合理。当企业的合理合法利益与政府的某些规定发生冲突时，大学生创业者要主动沟通，努力使政府接受意见。

（二）与金融界的关系

①恪守信誉。信誉是金融界最看重的品质，一个恪守信誉的企业相对容易获得所需资金。因此，大学生创业者在向银行贷款时，一定要对自己的按期偿

还能力及可能会出现的变化因素做充分估计,以便自己更好地做到"恪守信誉"。②加强沟通。得到金融界的贷款之后,应经常、及时地向金融界有关方面通报信息,定期汇报产业项目的进展情况、资金周转情况。

(三)与社区的关系

"远亲不如近邻。"很多大学生创建的企业都在社区,与周围邻里之间的关系,与社区内各种组织(如居委会、派出所等)的关系,既密切又微妙。大家应该有事相互关照,相互谅解,共建"天时、地利、人和"的社区文明。相反,如果大学生企业处理不好与社区的关系,就可能引发冲突或矛盾,影响企业的发展。

(四)与同行的关系

①"同行是冤家",企业一进入市场,就注定要与同行竞争。但是在日趋激烈的商业竞争中,只有与同行交上朋友,进行合作,才能增强实力,借助同行的力量弥补自己的不足。在企业经营管理中,不时会遇到好不容易联系到一宗很大的业务,客户却要求在某一期限内完成,而仅靠自己的企业是不可能完成的情况。此时,最好的办法就是借助同行的力量共同完成业务。②互通信息。一个行业中的各个企业应不断地加强彼此间的信息交流,使企业现有资源最大限度地被利用。③借鉴同行的经营管理经验。同行之间由于有类似的业务,有效的管理经验可借鉴的成分相当大,也许同行的成功之道正是自己的企业所需要的。同行之间相互借鉴还有一个很大的好处,就是其生产原材料相近,很容易找出自己与别人的差距。

第三节　创业项目的选择与决策

一、创业项目选择

(一)寻找创业项目

有一个好的创业项目,是成功创业的开始。在寻找创业项目的过程中,进行市场调查研究和在日常生活中发现项目进行深入的市场调查研究,是发现创业项目的重要途径。主要内容包括:政治和法律环境调查、社会人文环境调查、人口环境调查、自然环境调查和经济环境调查。

在人口环境调查中，要弄清楚人口数量、人口构成、人口流动和迁移、家庭收入状况和家庭结构变化等情况。主要目的是进行市场细分，寻求适合自己的创业机会。

在经济环境调查中，要对当地的经济状况、消费者消费偏好、购买能力、市场容量及相关状况进行详细的调查和分析。在进行市场调查时，一般可以采取普查法、访谈调查法（包括走访调查、电话调查、问卷调查、邮寄调查）、互联网调查法等。调查结束后，要对调研情况进行分析、比较和筛选，最终决定要进入的创业领域。市场调查需要敏锐的眼光和深入的思考，才能发现创业商机和项目。

1. 在平凡细微的事件中发现创业项目

发现一个好的创业项目有的时候并不困难，往往在我们的日常生活中就潜藏着很多创业项目，问题的关键就是要看我们是否具备对身边商机的反应和识别能力。

2. 从环境分析中发现创业项目

创业环境是指创业者所处的宏观、中观（行业）和微观环境。由于环境问题过于庞大和复杂，所以，认识一般环境首先要从宏观、中观和微观三个层次着眼，从政治、经济、社会和技术四个方面入手，将着力点聚焦在对创业者所处的微观环境的精准分析上。一般是从供应商、顾客、竞争者、政府和公众压力集团五个方面来分析创业环境的特征，从中发现创业项目。一个创业者被环境包围，环境中既蕴含着无限商机，又隐藏着巨大威胁。创业者在环境中很渺小，唯一的生存方式就是适应环境的变化，并充分利用环境提供的机会，规避风险与威胁，才可能取得创业的成功。

3. 在社会关注的热点问题中寻找创业项目

社会关注的热点问题，往往是因人们的某种需求未被满足而产生的，这是开发创业项目的极好机遇。例如，社会老龄化产生的老年服务需求是热点，独生子女产生的校外特长教育需求是热点，环境污染产生的优良环境需求是热点，食品安全问题产生的"绿色食品"需求是热点，失业问题产生的就业需求是热点等。类似的还有单亲家庭问题、城市扩大与农民转入城市问题、个体创业问题、宗教的兴起、文明病的增多、国外求学等，这些热点聚集着庞大的人群，他们有共同的需要。满足不同群体的隐性需求的项目，就是创业的好项目。此外，在"不满意"中也可以发现商机，实践证明，在"不满意"中能够发现大量的创业思路和创业项目。

（二）创业方向的选择

1. 高科技领域

身处高新科技前沿阵地的大学生，在这一领域创业有"近水楼台先得月"的优势，"易得方舟""视美乐"等大学生创业企业的成功，就得益于创业者的技术优势。但并非所有的大学生都适合在高科技领域创业，一般来说，技术功底深厚、成绩优秀的大学生才有成功的把握。有意在这一领域创业的大学生，可积极参加各类创业大赛，获得脱颖而出的机会，同时吸引风险投资。推荐商机：软件开发、网页制作、网络服务、手机游戏开发等。

2. 智力服务领域

智力是大学生创业的资本，在智力服务领域创业，大学生游刃有余。例如，教育培训领域就非常适合大学生创业。一方面，这是大学生勤工俭学的传统渠道，积累了丰富的经验；另一方面，大学生能够充分利用高校教育资源，更容易赚到"第一桶金"。此类智力服务创业项目成本较低，一张桌子、一部电话就可开业。推荐商机：家教中介、教育培训、设计工作室、翻译事务所等。

3. 连锁加盟领域

统计数据显示，在相同的经营领域，个人创业的成功率低于 20%，而加盟创业的成功率则高达 80%。对创业资源十分有限的大学生来说，借助连锁加盟的品牌、技术、营销、设备优势，可以较少的投资、较低的门槛实现自主创业。但连锁加盟并不是"零风险"的，在市场鱼龙混杂的现状下，大学生涉世未深，在选择加盟项目时更应注意规避风险。一般来说，大学生创业者资金实力较弱，适合选择启动资金不多、人手配备要求不高的加盟项目，以小本经营开始为宜。此外，最好选择运营时间在 5 年以上、拥有 10 家以上加盟店的成熟品牌。推荐商机：快餐业、家政服务、校园小型超市、数码速印站等。

4. 开店

大学生开店，一方面，可充分利用高校的学生顾客资源；另一方面，由于了解同龄人的消费习惯，所以入门较为容易。正由于走"学生路线"，所以要靠物美价廉来吸引顾客。此外，由于大学生资金有限，不可能选择热闹地段的店面，所以，推广工作尤为重要，需要经常在校园里张贴广告或和社团联办活动，才能广为人知。推荐商机：高校内部或周边地区的餐饮、咖啡屋、美发屋、文具店、书店、修鞋店等。

（三）创业团队的选择

在强调团队合作的今天，创业者想靠单打独斗获得成功的概率大大降低，团队精神已成为创业者不可或缺的创业素质，风险投资商在投资时往往看重有合作能力的创业团队。因此，组建创业团队是大学生创业者需要具备的能力之一，也是成功创业的重要保障。目前，可供大学生选择的创业团队类型主要有同学型创业团队、亲属型创业团队和师生型创业团队等。

1. 同学型创业团队

同学型创业团队是由同学组成的创业团队，是大学生自主创业中普遍存在的一种形式。同学型创业团队成员可能来自大学时期的同一宿舍，也可能来自同一个班级、同一个专业或同一所学校，还有的团队是跨学校组建的。这种团队的组建过程可能是一个创业带头人发现了商机，发起了创业活动，大家随之参与，也可能是大家一起讨论发现了商机，共同开始创业活动。例如，携程网、三一重工等一些知名的企业，当初就是由几名初出茅庐的大学生组成的同学型创业团队开创的。

大学生具有青春、激情、单纯的特点，没有包袱，敢想敢干，彼此信任且具有一定的社会责任感，同时具有一定的专业背景、理性与系统的思维训练以及师生资源等优势。因此，同学型创业团队一旦克服了大学生社会经验不足、资金与社会资源短缺等困难，创业就很容易成功。

2. 亲属型创业团队

亲属型创业团队有两种类型：一种是家庭或家族已有企业，等待大学生毕业后参与再创业；另一种是大学生毕业后与父母或其他亲属一起创业。中国人对家族式创业情有独钟，家族成功创业的案例比比皆是。大学生要充分利用家族资源开展创业，既要尊重家族的首次创业，又要把新的创业理念引入家族企业中进行二次创业。

3. 师生型创业团队

学校既是大学生创业者的背景优势，又是资源优势。邀请老师参加创业团队，使老师的科研成果转化为产品进行创业，是组成大学生创业团队的一种重要形式。目前，高校中的教师，尤其是理工类学校的教师普遍有一些科研成果，其中部分成果可以直接开发出新产品。但是，由于他们的主要精力集中在教学和科研上，无暇或无力实现科研成果的转化。所以，大学生创业者可以采用股份制的方式，邀请教师参与到创业团队中，将教师的科研成果作为新创企业的股份，组成师生型创业团队。

二、创业项目决策

（一）创业项目决策评价方法

1. 保本点的估算

毕业生在毕业之后所选择的创业项目大多是一些小本生意，大多数毕业生很难承受那种保本点高、利润回报时间长的创业项目，所采用的评价方法也主要是保本点评价法。

2. 降低保本点的做法

一是控制总投资，特别是一次性资本投资更需严格控制，可花可不花的钱尽量不花；二是提高单位销售价格，但要知道价格的下限是成本，上限是市场，可以定高价，但高价格可能降低企业的竞争力和减少消费者的购买量，除非自己的产品或经营具有独特之处，否则提价是危险的；三是减少变动成本，这也是有极限的，因为一定的成本支持一定的质量；四是缩短产品循环周期，在成本和质量一定的情况下，通过快速运转，增量也就增加了利润，这是一个最有潜力的方法。当然，一旦越过保本点后，往往投资最大的项目赚钱也最多，投资少的项目赚钱也少，要根据自身的资源情况、风险承受能力等因素进行最终选择。

（二）寻找创业决策的切入点

1. 从见效快的项目做起

使创业投资尽快产生效益，是创业者的共同心愿，但见效的快慢是相对的。专家从六个方面提供了参考性意见：第一，小型比大型好。小型项目投资少，形成生产能力快，运作环节相对简洁，一旦出现明显的行业风险，就会显现出优势。第二，轻工优于重工。从产品设计到产出的过程较短，投资风险较小，有望在较短时期内见效。第三，餐厅和食品优于一般用品。第四，做女人的生意比做男人的生意更能赚钱。第五，小孩比大人更容易形成新的市场消费热点。第六，"专"比"杂"好。

2. 从干小事、求小利做起

经济生活中有一条规律是得到大家认同的，即风险与收益是成正比的。一般而言，风险大、收益也大；风险小，收益也小。对于已经有了一定基础，有能力发展多项业务的公司，为了开拓发展空间，扩大盈利层面，有时大胆去冒一点风险，也是值得的。然而，对于刚刚涉足创业门槛的大学生来说，创业的资本还不雄厚、经验比较欠缺，要避免参与风险大的投资，应该将为数不多的资金投入规模较小，但风险也小的事业中，先求小利，而后，依靠滚动发展再赚大钱。不少企业家开始创业时做的都是极不起眼的小本买卖，只要稳扎稳打、步步为营，事业就会越做越大。

3. 关注借助学校品牌的项目

这类项目主要包括：各类教育与培训；成熟的技术转让；各种专业咨询；利用优势的服务项目（如家教服务中心、成人考试补习、会议礼仪服务、发明家俱乐部等）。创业凭一时的冲动是不能成功的，还要有创业的一系列准备才能起步。

第四节　创业计划书的编制与创新创业计划的实施

一、创业计划书概述

（一）创业计划书的概念

创业计划书是一份全方位的商业计划，其主要用途是递交给投资商，以便于他们对企业或项目做出评判，从而使企业获得融资。它主要描述与拟创办企业相关的内外部环境条件和要素特点，为业务的发展提供指示图和衡量业务进展情况的标准。通常创业计划是市场营销、财务、生产、人力资源等职能计划的综合。创业计划书是创业者叩响投资者大门的"敲门砖"，是创业者计划创立的业务的书面摘要，一份优秀的创业计划书往往会使创业者达到事半功倍的效果。

（二）创业计划的作用

1. 创业计划是创业者创建企业的蓝图

创业计划是创业者将要创建企业的具体计划，是创业者实现创业理想的具体实施方案。创业计划，有时也叫行动计划或行动图，创业计划为创业者的创业行动提供了一幅清晰的图画，是一份全方位的规划，它从企业内部的人员、制度、管理以及企业的产品、营销、市场等各个方面对即将展开的商业项目进行全面的可行性分析。对初创企业来说，创业计划的作用尤为重要，一个创意或构思中的产品，往往很模糊，通过制订创业计划，把正反理由都写出来，再逐条推敲，就会对这一项目有更为清晰的认识。

2. 创业计划为企业运作提供指导

创业计划帮助创业者分析创建企业的内部和外部资源，预测创建企业的内部竞争优势和外部竞争威胁，以及后续经营过程中可能会遇到的问题及经营效果。创业计划为今后的创业实践进行战略设计，对潜在的投资者、供应商，甚至顾客进行系统的梳理和全面评估。当创业计划被确定为一套比较完整的计划时，就能为初创企业的运营管理提供工作指南和行动纲领，这对保证企业初期的正常运作具有重要的现实指导作用。

3. 创业计划是获得创业投资的"敲门砖"

创业计划是创业者针对企业发展制定的比较详细的经营目标。对投资者和合伙人来说，它是判断是否进行投资、是否值得承担投资风险的书面评估资料。一个好的项目需要融资时，仅仅靠创业者口头许诺和述说是不可能赢得潜在投资者的信任的，也不可能激发他们对创业项目的兴趣。对于正在寻求资金的创业者来说，创业计划就是企业的价值公告，是连接创业者和潜在投资者的桥梁，是叩响投资者大门的"敲门砖"。创业计划的好坏，往往决定了投资交易的成败。

4. 创业计划是创业者连接理想与现实的桥梁

对初创企业来讲，创业计划可以说明创业的基本思想、确定最终要实现的目标、描述现在的起点、概述如何实现目标、分析影响成败的因素，而且在写创业计划的过程中，会对产品、市场、财务、管理团队等进行进一步的调研和分析，能及早发现问题，进行事前控制，去掉一些不可行的项目，进一步完善可行的项目，提高创业成功率。

二、创业计划书的编制

创业计划是对未来创建企业的计划，所以在撰写创业计划书前必须通过市场调查获得必要的信息，然后根据所获得的信息进行预估，按照一般的创业计划书格式撰写出完整的创业计划书。

（一）创业计划书编制注意事项

1. 确定创业计划的目标读者

给一个比较确定的目标读者写作，远比给多种目标读者同时写作要容易得多。原因是当明确了文章的目标读者以后，就完全可以针对目标读者的具体情况来组织材料进行论述。创业企业的经营目标有些时候不需要公布给所有人。

大部分创业者编写创业计划书的目的都比较明确，如创业者想要获得银行贷款，在这种情况下，就以银行家为目标读者来组织人员进行编写。但在现实情况下，往往没有那么简单。他们没有明确谈到需要哪一类型的资金，没有明确的资金类型的信息，但阅读者都是具有特定要求的人员。因此，创业者在编写创业计划书以前就应该明确自己的融资类型，即风险投资或是银行贷款，或者是二者皆可。创业计划书必须按融资类型的不同特点来编写，如果两种融资方式都可以，那么最好有两份创业计划书。

在编写创业计划书前确定目标读者的另一个重要原因是：当创业者考虑选用哪一种资金来源时，会在风险投资和银行贷款之间做出选择。创业者尤其要考虑到，吸引风险投资的后果是放弃一部分股权，而吸引银行贷款则会因定期偿债而增加财务风险。创业者应该在二者之间进行权衡，然后做出选择。

通过以上分析，创业者可以看到自己企业的长处和短处，并根据企业的具体情况确定具体的融资形式。

2. 突出不同的侧重点

（1）风险投资商

风险投资商对创业计划中的市场增长感兴趣。因为只有高速增长才能为他们带来超额的回报。一般来讲，风险投资商对企业的收支平衡等财务指标并不很关心，因为他们并不打算以赚取利润的方式来获得回报。

（2）银行

银行所关心的首要问题是贷款能否得到迅速偿还。当银行提出对企业的远期发展感兴趣，并考虑建立长期的合作关系时，实质上是想了解公司的还贷能力。一般来讲，给银行的创业计划应是战略式的创业计划。

（3）战略伙伴

很多小公司都愿意和大公司建立联盟，主要是在资金、产品供应、技术等方面。一般来讲，大企业有自己的一套思路，对于战略伙伴来讲，企业的现金流量以及促销计划等都没有特别重要的意义，因为战略伙伴会有效地解决这些问题。这种目标读者要求企业提供一个简明扼要，而且包含更多细节问题的创业计划。

（4）兼并收购者

打算收购企业的人员，他们关心的是企业过去、现在的成就。如果一个企业过去的经营业绩很好，则其未来的经营状况也可能不错。此外，企业的价值也是通过企业从前和现在的获利能力来计算的。

3. 注意创业计划的时效性

现在经济的发展步伐已经越来越快了，为了适应变化的环境，创业者要适时调整计划。我们并不是建议创业者每天或者每星期都要对计划进行修改，但是每一季度对创业计划进行一次审核是必要的。

每季度对创业计划进行部分调整，有两种方法可以考虑：第一，对拟要审核的条款排定顺序。第二，可以为计划的实施编制一个时间表，并适时审查计划的完成情况，对于新产品开发上市来讲，这种方法是相当有效的，要保证将修改后的计划及时交给管理人员。

4. 突出创业计划的说服力

如果创业计划的主要目的是为企业融资，那么，计划将接受拟投资者或者银行家的严格审查。他们不会放过任何疑点，最终的融资额取决于他们对计划的信任程度。

事实上，创业计划将影响谈判过程，如果融资对于创业者创业非常关键，那么，投资商也会看到，这时投资商会将价格压低到创业者能够接受的最低点成交。值得注意的是，在融资过程中创业者不能只和一个投资商或银行打交道，不管他们表现出多么大的兴趣，只要还没有真正投资，就应该积极同其他投资商谈判，这是完全必要的。随着创业过程的推进，创业计划本身也应不断变化发展。

第一次编写创业计划是最为艰辛的，其后的过程将变得相对容易。另外，在完成创业计划后，不要将它搁置起来，应该让它为自己工作，并不断对其进行修正，这也许会很麻烦，但对企业绝对有好处。

（二）创业计划书编制的要点

创业计划书的撰写过程，是创业者反复思考、推理并讨论确定的过程。创业计划书的内容与写作要点大致如下。

1. 摘要

摘要列在创业计划书的最前面，它是浓缩了的创业计划书的精华。摘要涵盖了计划的要点，要求一目了然，以便读者能在较短的时间内评审计划并做出判断。摘要的内容一般包括：公司介绍、主要产品和业务范围、市场概况、营销策略、销售计划、生产管理计划、管理者及其组织、财务计划、资金需求状况等。

在介绍企业时，首先，要说明创办新企业的思路、新思想的形成过程以及企业的目标和发展战略。其次，要交代企业现状、过去的情况和企业的经营范围。在这一部分中，要对企业以往的情况做客观的评述，不回避失误。中肯的分析往往更能赢得信任，从而使人容易认同企业的创业计划书。最后，要介绍创业者自己的背景、经历、经验和特长等。企业家的素质对企业的成绩往往具有关键性的作用。企业家应尽量突出自己的优点并表现自己强烈的进取精神，给投资者留下一个好印象。

在摘要中，还必须回答下列问题：①企业所处的行业、企业经营的性质和范围。②企业主要产品的内容。③企业的市场在哪里，谁是企业的顾客，他们有哪些需求。④企业的合伙人、投资人是谁。⑤企业的竞争对手是谁，竞争对手对企业的发展有何影响。摘要要尽量简明、生动，特别要详细说明企业的不同之处以及企业获取成功的市场因素。如果企业家了解其所做的事情，摘要仅需两页纸就足够了。如果企业家不了解自己正在做什么，摘要就可能要写二十页纸以上。有些投资家就是依照摘要的长短来"把麦粒从谷壳中挑出来"。

2. 企业介绍

企业介绍如同自我介绍，目的就是让投资者认识该企业。企业介绍会涉及企业的基本情况（名称、组织形式、注册地址、联系方式等）、发展历史与现状、所提供的商品或服务的竞争力、未来的发展规划和目标等。其中，企业目标是企业要达到的效果，是企业发展的动力，在创业计划书中是亮点所在，必须下功夫写好。

3. 目标市场分析

目标市场由著名市场营销学者麦卡锡提出。他认为应当按照消费者的特征把整个潜在市场分成若干部分，根据产品本身的特性选定其中部分消费者作为一个特定的群体，这一群体被称为目标市场。目标市场分析可分为产品技术类和文化创意与服务咨询类。

（1）产品技术类

在应用领域，市场定位与产品定位、市场分析，一定要聚焦到目标细分（再细分）市场与目标客户群，定位要准确清晰。需要界定目标细分市场、市场的切入点；市场进入门槛、市场特征分析、目标市场的规模（容量）、市场占有率、市场增长率；目标细分市场的主要竞争对手及竞争优势分析（定性与定量）。

（2）文化创意与服务咨询类

除了以上内容，还需对公司运营的商业模式、盈利模式进行描述，要有创新性、独特性、竞争性与可行性以及服务模式的定位。细分目标服务市场与目标服务客户的定位要准确清晰，此部分要理清商业模式与盈利模式的区别。通常情况下，商业模式与盈利模式都可以看作产品与服务是如何赚钱的，但两者也有区别：一是如何将日常运营和长期策略具体化（商业模式）；二是一项服务或一门生意如何产生收入和利润（盈利模式）。

4. 产品技术与服务

对产品技术与服务要进行详细说明，说明要准确，也要通俗易懂，使非专业人员也能看得明白、听得明白。

（1）产品技术类项目

该项目一般从六个方面加以论述：①产品技术的概念、性能、特性及应用领域，产品定位清晰。②产品的核心技术及由来，技术的成熟度，处于研发阶段（样品、小试、中试）、工业化阶段还是商业化阶段。③产品技术的先进性（在国内或国际处于先进水平、领先水平，具有创新性、唯一性，能填补空白）。④产品技术的市场核心竞争力、竞争优势明显，在产业链上所处的位置。⑤产品技术的市场前景。⑥产品技术的知识产权。

（2）文化创意与服务咨询类项目

此类项目应从四个方面进行阐述：①对公司的服务性质、对象、特点、领域进行介绍。②提供的服务满足了客户的什么需求，为被服务者创造了什么价值。③服务具有什么独特性、创新性，市场竞争力与核心竞争优势是什么，服务目标的市场前景如何。④涉及的知识产权，如商标权、软件著作权等要清晰。

5. 市场营销策略

企业营销的成败直接决定了企业的命运。构思完善的创业计划的关键因素就是规划精密的市场营销和销售活动。在介绍市场营销策略时，要讨论不同营销渠道的利弊，明确哪些企业主管专门负责销售，主要使用哪些促销工具，以及促销目标的实现和具体经费的支出等。对市场进入、市场营销和促销计划等一整套战略的阐述要具有说服力。

6. 生产计划

生产计划旨在使投资者了解产品的生产经营状况。这部分应尽可能地把新产品的生产制造及经营过程展示给投资者。主要的内容包括：①公司现有的生产技术能力，企业生产制造所需要的厂房、设备等。②质量控制和改进能力。③新产品的生产经营计划，改进或将要购置的生产设备及其成本。④现有的生产工艺流程，生产周期标准的确定及生产作业计划的编制。⑤物质需求计划及其保证措施，供货者的前置期和资源的需求量。⑥劳动力和雇员的有关情况。同时，为了增加企业的评估价值，应尽量使生产制造计划更加详细、可靠。

7. 财务分析与预测

财务分析与预测包括公司过去若干年的财务状况分析，今后三年的发展预测以及详细的投资计划，旨在使投资者据此判断企业未来经营的财务状况，进而判断其投资能否获得理想的回报，它是决定投资决策的关键因素之一。

这部分主要明确说明财务预测的依据、前提假设和预测方法，给出公司未来三年预计的资产负债表、损益表以及现金流量表。财务预测的依据、前提假设是投资者判断企业财务预测准确性和财务管理水平的标尺，也是投资者关注的焦点。其主要依据和前提假设是企业的经营计划、市场计划的各项分析和预测，也就是说，要在这部分明确回答的问题有：①产品在每一个时期的销售量是多少。②什么时候开始产品线扩张。③每件产品的生产成本是多少。④每件产品的市场定价是多少。⑤使用什么分销渠道，所预期的成本和利润是多少。⑥需要雇用哪几种类型的人员，雇用何时开始，工资预算是多少。

财务分析与预测在企业经营管理中处于重要地位，企业需要花费较多的精力来做具体分析，必要时最好与专家顾问进行商讨。对于中小企业来说，财务预测既要为投资者描绘出美好的合作前景，同时又要使这种前景建立在坚实的基础之上，否则会令投资者怀疑企业管理者财务分析、预测及管理的能力。

8. 融资计划

融资计划主要是根据企业的经营计划提出企业资金需求数量、融资的方式与工具、投资者的权益、投资者的财务收益及其资金安全保证、投资退出方式等。它是资金供求双方共同合作前景的计划分析。

　　融资计划的主要内容包括：①融资的数额是多少，已经获得了哪些投资，希望向战略合作伙伴或者风险投资人融资多少，计划采取哪种融资工具，以贷款、出售债券，还是以出售普通股、优先股的形式筹集。②公司未来的资本结构如何安排，公司的全部债务情况如何。③公司融资所提供的抵押、担保文件，包括以什么物品进行抵押或者质押，什么人或者机构提供担保。④投资收益和未来再投资如何安排。⑤如果以股权形式投资，双方对公司股权、控制权及所有权的比例如何安排。⑥投资者介入公司后，公司的经营管理体制如何设定。⑦投资资金如何运作，投资的预期回报如何，投资者如何监督企业运作等。⑧对吸引风险投资的，风险投资的退出途径和方式是什么，是企业回购、股份转让还是企业上市等。

　　这部分是融资协议的主要内容，企业既要对融资需求、用途给出令人信服的理由，又要有令人心动的投资回报和投资条件，同时还要注意维护企业自身的利益。这一切的基础是企业的财务分析与预测。由于与资金供给方合作的模式可能有多种，所以需要设计几种备选方案，给出不同盈利模式下的资金需求量及资金投向。

　　9. 风险分析

　　风险分析主要是分析企业可能面临的各种风险隐患，已经采取何种措施来降低或防范风险、增加收益等。主要包括：①企业自身条件的限制，如资源限制、管理经验的限制和生产条件的限制等。②创业者自身的不足，包括技术、经验或者管理能力上的欠缺等。③市场的不确定性。④技术开发的不确定性。⑤财务收益的不确定性。⑥针对企业存在的每一种风险，企业进行风险控制与防范的对策或措施。

　　对企业可能面临的各种风险，要采取客观、实事求是的态度，既不夸大，也不缩小或故意隐瞒风险因素，要通过对企业所面临的各种风险的分析，提出具有针对性的防范措施，以取得投资者的信任，利于引入投资后双方的合作。

　　10. 附件和备查资料

　　附件是为创业计划书提供的补充资料，不必把所有东西都放入附件，只需放那些能真正增强正文说服力的资料，主要包括：①专利证书。②技术鉴定。③结题（项）报告。④查新报告。⑤市场实际调查结果。⑥荣誉证明。⑦已创业企业还需要工商注册、税务登记等相关材料。⑧表目录、图目录等。⑨国家、省竞赛规则里的具体要求等。

三、创新创业计划的实施

(一)实施过程中的常见问题

大学生创新创业计划的实施是项目执行的关键环节,也是对大学生知识运用能力和耐力的综合考量。下面就大学生创新创业计划项目实施过程中遇到的一些问题进行简单阐述。

1.实施时间的保障

大学期间的知识学习不再像中小学那样带有强制性,大学生可以自己安排学习和生活时间。充分利用课余时间,有利于大学生未来职业的发展。但在校大学生的主要任务依然是学习,且以课堂教学为主。平衡课堂时间与开展创新创业计划项目所需时间存在一定的难度。因此,在创新创业计划的实施过程中,项目实施者要科学合理地规划自己的时间,以保证计划的顺利实施。

2.承受挫折的能力

大学生创新创业计划的实施是一项系统而又相对独立完整的工作,需要在一段时间内持续不断地花费时间和精力去完成。一般来说,实施者必须善于独立思考,实践动手能力强,具有一定的创新意识和研究探索精神,具备从事科学研究或创业的基本素质和能力。

3.其他消极因素的影响

例如,学生主持人在项目实施过程中疲于应对各种检查(如项目任务书撰写、项目进展情况检查、经费使用情况检查、项目中期检查等),不一定能将所有的支出都一一开具发票,且在校学生基本没有经济收入。因此,应当给出一定的经费,用于打印、市内调研等支出,提高学生实施项目的积极性、主动性。

(二)创新创业计划实施的建议

①引入允许退出机制,给项目主持人及指导教师更大的空间。创新创业计划的实施,本身就充满风险,引入该机制可以减轻指导教师的压力。②建立针对学生和指导教师的激励机制。给予项目主持人一定的物质奖励、荣誉奖励或者学分奖励,给予指导教师一定工资或工作量认可。在某种意义上,指导教师指导一个学生的工作量不亚于自己完成一篇高质量的论文。教师对学生的指导也会影响项目的完成水平以及学生进行研究的信心和兴趣。因此,必须肯定大学生创新项目,肯定指导教师的工作。③加强宏观管理,避免烦琐的日常管理,给项目主持人及指导教师更多的时间和空间。

第八章 大学生创业教育的实施策略

当代高等教育的重要任务就是培养出具有创新精神与创造、创业能力的高素质人才，我国高校大学生的创业教育仍处于起步阶段，理论研究与实践探索等也都有待进一步深入。本章分为大学生创业教育概述、大学生创业教育的基本原则和理论依据、大学生创业教育实施的指导思想和大学生创业教育实施的具体方法四部分，主要内容包括大学生创业的宏观内容、大学生创业教育的基本原则、规范创业教育评价等。

第一节 大学生创业教育概述

一、创业的概念

在中国，"创业"一词最早见于《孟子·梁惠王下》："君子创业垂统，为可继也。"诸葛亮《出师表》中也有"先帝创业未半而中道崩殂"。这说明人类历史是部创业史，社会的发展过程就是人类的创业过程。所谓创业，《辞海》的解释是"创立基业"，指开拓、创立个人、集体、国家和社会的各项事业以及所取得的成就。《现代汉语词典》对"创业"的释义为"创办事业"。"创业"包括"创"和"业"两个字，《现代汉语成语词典》释义"创"是开创、创办的意思，对"业"的解释为学业、工作、就业、转业、事业、家业等。可见"业"的内涵极为丰富。从性质上看，可以是学业、专业、业务，也可以是家业、产业，甚至是工作、事业；从类别上看，有各行各业、各种职业和岗位，即所谓的'三百六十行'；从范围大小来看，有个人的小业、家业，有集体的产业、企业、大业，有国家和社会的各项事业等。

清华大学教授张健、姜彦福和林强等认为创业是一个跨越多个学科领域的复杂现象，包括经济学、心理学、社会学、人类学、管理学等，而这些学科领域又可以有不同的研究方向。复旦大学的郁义鸿、李志能则指出："创业是一个发现和捕获机会并由此创造出新的产品、服务或实现其潜在价值的过程。"陈震红等人指出创业的过程包括与机会的感知和组织的创建相关的所有功能、活动与行为。南开大学张玉利教授则认为，把创业理解为创建新企业是片面的，创业的本质更在于把握机会、创造性地整合资源、创新和快速行动，创业精神是创新的源泉。宋克勤认为，创业是创业者通过发现和识别商业机会，组织各种资源提供产品和服务，以创造价值的过程。张涛认为"创业是一种创新活动，它的本质是独立地开展并经营一种事业，使该事业得以稳健发展、快速成长的思维和行为活动"。

高建伟针对在校学生群体，认为创业是指一种学生实现自我就业的实践活动，是学生根据社会发展形势，通过将自身扎实的专业知识和较强的创新能力相结合，整合社会资源和各种生产要素进行再生产，为社会提供新产品或服务并实现自身价值和为社会创造价值的一种实践过程。陶书中认为大学生创业是指大学生个体利用自身的知识、才能和技术，通过各种可行方式创立独立的经济实体，以实现自食其力的社会活动。还有的学者认为，创业是指一无所有的创业者就某一种具有市场前景的新技术、新设计或想法向风险投资家游说，以取得风险投资并转化为商品的商业性行为。创业包括"求职"和"创造新的就业岗位"这两个方面。"求职"不是被动地等待分配工作，也不是在某一特定领域里寻找空缺，而是主动地、全方位地探寻可能的位置以及通过施展才华使其成为自己的现实工作的过程。"创造新的就业岗位"是创业的关键和精髓。

纵观国内外专家学者对"创业"的不同理解和解释，可以看出创业有狭义和广义之分。

狭义的"创业"就是创业者白手起家，运用组织力量和创新理念探寻机遇、整合资源、创办企业、实现价值追求的过程。此类观点包括：创业是一个创造和增长财富的动态过程；创业是创建以盈利为目的的企业的活动；创业是承受不确定性和风险而获取利润；创业是个体或个体在组织内部，追踪和捕获机会的过程；创业就是商业进入，不管该方式是创建新企业还是收购，也不管该行为是独立的还是发生在现有企业内部的；把创业定义为依靠个人、团队或一个企业来建立一个新企业的过程；创办新企业主要包含个人、组织、环境以及创业过程四个方面，涵盖创业者、创立何种新企业、影响新企业的因素以及个人在创业中所采取的行动四个方面的内容；成功的创业活动必须将机会、创业团队和资源三者适当地结合起来，并随着事业的发展寻找动态的平衡；创业本质上是一种新价值的创造活动，创业的重点是创业者与新价值之间的互动。

以上种种可见，狭义的创业是一个过程，而且是一个创造价值的过程（或活动）；都要通过一定的方式（或组织形式）来实现价值创造，一般可以采取个体创业（或独立创业）、企业内创业（或公司创业）、社会创业等方式；强调机会的驱动、发现、识别和利用；创业是各种要素交互、动态均衡的过程或结果。

对于广义上的创业，百森商学院的定义是"一种思维和行为方式，为机会着魔，全盘规划，具有良好的领导力"，是指具有开创意义的社会行动，除了指开办企业外，还包括能抓住机会开创新的职业、开创新的工作业绩等各种社会活动。

广义的"创业"已经不再局限于企业创业，而是可以从一个有问题的企业开始创建出一个重焕生机的企业；将活动的内容范围扩大到企业之外的文化、政治、科技、教育、公益事业等领域，更加注重创业对社会进步和发展的推动作用，更加体现主体的社会价值。由此可见，创业是创业者创造具有"更多价值的"新事物的过程；创业需要创业者贡献必要的时间，付出极大的努力；创业需要创业者承担必然存在的包括财务、精神、社会领域及家庭等方面的风险；创业可以使创业者获得金钱回报、独立自主以及个人满足等物质和精神两方面的创业报酬。

创新是创业的精神实质，每位企业家都是开拓者和创新者。创新是创业精神的动力和源泉，同时也是创业精神的主要标志。但是，创新并不意味着创业，创业与创新是不同的，两者相互影响、相互制约、相互交叉、相互渗透和相辅相成。创新是生产要素的"新组合"的引入，而创业是这种"新组合"实现市场化或工业化的过程。

二、创业的基本特征

（一）社会性特征

所谓社会性特征，是指任何一种创业都是在一定的社会环境下开展的活动，并且这种活动最终都会对社会产生一定的影响，离开社会环境，创业活动就是无源之水、无本之木。创业者不可避免地要受历史、时代、文化、社会等背景的影响，创业者因其所在区域经济发展程度的不同、产业结构的不同、市场环境的不同，使相同的人力、物力、财力投入有不同的产出，这说明创业的社会性与创业主体之间是相互依存、相互促进、相互联系的。创业的本质属性是创新，这就意味着创业带来的产品、服务、技术等的创新，不仅推动了技术和经济社会的发展和进步，而且促进了社会供给和就业机会的增加，进而使创业过程产生的结果与社会形成强烈的互动。创业的社会性特征决定了创业的范畴和性质，只有能对经济社会发展产生促进作用的创业活动，才是我们所谈的创业，那些对社会无益甚至产生危害的活动过程不属于创业。

（二）创新性特征

熊彼特认为创新是创业的最大特征。创新是创业的灵魂，没有创新的创业是没有生命力的。创业的过程就是不断改变和拓展对客观世界的认知与行为的动态活动，结果是在社会的具体环境中，通过运用自己的智慧和知识，敏锐地发现新事物、机智地研究新问题、理智地解决矛盾、开拓性地产生新思想与新思路，从而创造出对社会文明进步有积极促进作用的物质成果或精神成果。

创新是一个民族进步的灵魂，是国家兴旺发达的不竭动力。《中共中央国务院关于进一步加强人才工作的决定》着重提出："重点培养人的学习能力、实践能力，着力提高人的创新能力。"习近平总书记指出，创新是中华民族最深沉的民族禀赋。在激烈的国际竞争中，唯创新者进，唯创新者强，唯创新者胜。

创新已成为一个国家和地区发达程度的重要标志和决定性因素。创新可分为广义上的创新和狭义上的创新。所谓广义上的创新，是指创新成果对全人类和全社会来说都是新的、有价值的和独创的，如中国的四大发明、牛顿定律、爱迪生发明的电灯、爱因斯坦的相对论等。所谓狭义上的创新，是指某项创新成果仅仅对某一个特定的范围来说是一种创新，而在更大的范围内则不一定是新的东西。

根据创新程度的不同，人们在创业过程中所创造的成果大致可以分为发现、发明和发展三大类。

发现是对客观事物的状况及规律的认识有新的突破，是一个由实践到理论的转化过程。在科学领域它主要解决是什么（what）、为什么（why）、是与否（whether）的问题，其结果称为科学发现。在创业过程中取得的某些精神成果往往属于这一类。

发明是在发现的基础上按一定的目的进一步去调整客观对象，从而获得新的事物、状况、结果和方法的过程。在技术领域它主要解决做什么、怎么做的问题，其结果称为技术发明。发明主要指在创业过程中从事物质产品生产所取得的创新成果。

发展则是指相对于事物的原有状态有所促进和提高，根据其成果的新颖程度又可分为三种情况：其成果是前人或今人所未曾有过的，称为狭义的创造；在已有创造的基础上进一步改变和更新，或是将某一领域的创造成果移植于另一新的领域，称为改造；其创造和进步程度不如改造的，称为改进。发展是一个指代范围很广的创新概念，它不仅包括某一具体的创新性物质产品或精神产品，还常常指代某一项事业或宏观事物的变革状态。

（三）风险性特征

创业的风险性特征是指创业主体在开创一项前人没有做过或者前人没有做好的事业时，没有经验可取，只能通过自身去体验和探索，又由于创业的领域和创业主体的占有资源存在差距，所以，创业过程必然伴随着各种不同形式的风险。通常情况下，创业风险主要包括人力资源风险、市场风险、财务风险、技术风险、外部环境风险、合同风险、精神方面的风险等，大多时候这些风险是相互联系的，这就需要创业主体具备一定的风险承担能力和化解风险的能力。任何事物都是在不断发展变化的，创业的过程也不例外。在创业阶段，既要积极巩固已有的成果，又要不断地发展和扩大成果，外在客观环境和主观承受负重同时存在，善于出奇与敢于冒险相连，出奇就意味着承担风险，较大的风险往往蕴含着惊人的业绩。

创业意味着风险，这并不是说创业主体鲁莽行事、意气用事，而是需要创业主体时刻保持科学严谨。创业主体的风险决策不同于赌博中的孤注一掷，也不同于投机者的侥幸取胜。创业需要谨慎，需要调查研究，需要优化论证投资方案，更需要熟知创业经营环境和经营过程，善于把握关键环节，提出切实可行的应急措施，然后果敢行动，抓住机遇，从而取得成功。不能感情用事，在重大决策上应该"猝然临之而不惊，无故加之而不怒"。正如莎士比亚所讲的："人的感情和炭相同，烧起来，得想办法叫它冷却。"在企业、商业或其他事业之间的激烈竞争中，获得成功是每一个人的愿望，但有时可能事与愿违，遭受失败，这就是创业的风险。

（四）收益性特征

各种创业活动都是为了获取收益而展开的，价值属性是创业的重要社会属性，也是创业活动的意义所在。这种价值不仅是经济效益，还包括个人价值的体现和服务社会的价值。在当今就业形势严峻的情况下，创业带动就业既是国家政策，又是每一个人实现个人梦想的重要途径。追求物质财富是创业者的主要动机和动力之一，同时物质财富也是衡量创业成功的一个重要标志，对于精神财富的追求则是创业者实现独立自主、增强社会责任感和使命感的内在需求。创业不仅是创业者的个体行为，而且是为社会创造更多就业机会，为社会提供更多有价值的产品的过程。自觉承担社会责任是创业者本质力量的体现。就业是民生之本。

三、大学生创业的宏观内容

（一）开展大学生创业价值观教育

开展大学生创业教育是知识经济发展和我国经济转型的需要，是缓解就业压力和促进社会稳定的现实需要，也是教育改革和青年健康成长发展的迫切需要。目前，创业教育正以强劲的生命力向我国各层次各教育领域延伸。明晰大学生创业价值观的内涵，揭示大学生创业价值观的矛盾性，明确大学生创业价值观的教育原则，创建大学生创业价值观的教育模式，对发展创业教育，培养社会急需的创新创业型人才具有十分重要的现实意义。

对当代大学生创业价值观，我们可以从创业价值目标、创业价值手段、创业价值评价三个维度来进行考察。①创业价值目标包括：社会利他（指通过创业为社会做贡献，为他人谋福利，如推动经济发展、创造就业机会、帮助弱势群体等），利益实惠（指通过创业获得物质方面的利益，如摆脱贫困、享受富足），名声虚荣（指通过创业获得声誉、面子上的满足，如出名、有权有势），自我发展（指通过创业使自我在人际、能力和心理等方面更加健全、完善），精神追求（指通过创业获取心理上的满足，如冒险刺激、与众不同）。②创业价值手段包括三方面的行为特性：合法性（创业手段符合现行法律规范，如资金来源合法、经营遵章守纪），灵活性（创业方式，如团队组成、资源获得、经营方式等灵活多样），创新性（创业手段具有新颖性和创造性，如技术创新和管理创新）。③创业价值评价包括：外部评价（对创业这个事物的评价），内部评价（针对创业本身而做出的评价）。

（二）大学生创业价值观的矛盾性

1. 重显性价值，轻隐性价值

创业的显性价值是外在的，是人们可以直观感觉到的价值体现。创业的物质性和工具性得到了全社会的认可，生活在社会经济快速发展时代的大学生，可以深切感受到作为社会财富的创造者的企业，通过自身的不断发展，既获得了可观的利润，创造了一个又一个财富神话，又为发展经济、提供更多就业岗位、促进社会成员生活水平的提高做出了贡献。这种感受反映了大学生对创业显性价值和工具价值的重视。

创业的隐性价值则是潜在的，是蕴涵于整个创业过程之中，暂时不被人们所重视或发现，而对创业者及社会经济发展和人民群众生活水平提高有潜在影响的价值体现。创业价值的潜在性、复杂性和曲折性容易使人放弃对创业隐性价值的探究，轻视甚至忽视它的存在。一些大学生一味向往创业的种种成就，而对创业过程中展现出来的种种人类的优秀品格，即创业的人文性价值、精神性价值视而不见或有所轻视。

2. 重自我价值，轻社会价值

市场经济的发展和利益主体的多元化，使得个人的独立性、自主性地位逐渐得以确立。在市场经济条件下，从事经济活动的人必然从自身的利益需求出发进而选择自己的行为，人们必须学会根据社会、市场的需求和动态进行自我设计、自我发展。一方面，大学生通过积极思考，确立人生目标，最大限度地实现人生价值；另一方面，大学生在追求自我实现的价值观时，利益和效益的观念成为指导他们进行价值评价的标准，使得他们更注重个人的实惠，讲求实际，追求实效。

3. 重理性价值，轻感性价值

重理性价值，轻感性价值，从认识角度来讲，就是重理性认识、轻感性认识。感性认识被认为是低级的，它只能提供认识的具体材料，唯有理性认识才是高级的、精确的、牢靠的，才能把握事物的本质。这样一来，感性认识与理性认识之间被人为地划上一道截然分明的鸿沟，前者只有经过"飞跃"才能成为后者。这种重理性、轻感性的观念导致大学生的创业追求出现理论化、抽象化的现象。事实上，大学生创业是一个感性认识和理性认识相结合的过程。如果学生的感性认识丰富，表象清晰，想象生动，形成理性认识及理解创业实践就比较容易。反之，要真正掌握创业的基本概念、基本技巧和基本技能等就比较困难。

四、创业的基本要素

（一）创业精神

从管理学的角度来说，创业者与企业家的内涵是一致的。创业精神通常被人们称为企业家精神。熊彼特认为，企业家精神是一种经济首创精神，即创新精神，就是做别人没做过的事和以别人没用过的方式做事的组合。桑巴特认为，企业家精神是一种不可遏止的、动态的力量，是一种世界性的追求和积极的精神，包括重视核算、注重效益。蒂蒙斯认为，企业家精神是从现实虚无的状况中创造和建立一些东西的能力。它是发起进行、完成和建立一个企业或者组织，而不是只观看、分析或者描述。它是感知一个机会的智慧，而别人却只能看到嘈杂、矛盾和混乱。新古典经济学代表人物马歇尔认为，企业家精神是种心理特征，包括"果断、机智、谨慎和坚定""自力更生、坚强、敏捷并富有进取心"以及"对优越性具有强烈的愿望"。奈特认为，企业家精神是在不可靠的情况中，以最能动的、最富有创造性的活动去开辟道路的创造精神和勇于承担风险的精神。斯蒂文森认为，创业精神指的是一种追求机会的行为，这些机会还不存在于目前资源应用的范围，但未来又可能创造资源应用的新价值。研究者从不同的研究视角对企业家精神（创业精神）进行了不同的阐述和解释，归纳起来，创业精神就是创新精神、敬业精神、承担风险的精神、合作精神。

（二）创业环境

创业环境是指创业者在创业过程中，对其产生影响的各种要素以及这些要素所组成的系统。创业环境大致有四种表现形式：社会环境与自然环境；内部环境与外部环境；融资环境与投资环境；生产环境与消费环境。

按照系统论的整体性，创业环境可分为内部环境和外部环境。内部环境是创业组织内部各种创业要素和资源的总称，如人员、资金、设施、技术、产品、生产、管理、运营等方面的情况。内部环境是创业活动的根基，创业者资源是最根本的资源。内部环境是可以控制的。外部环境是创业组织外部的各种创业条件的总称，如社会的、自然的、法律的、政治的、政策的、经济的、竞争的、合作的、远处的、近处的、行业的、地区的、科技的、教育的、文化的形势和情况。外部环境在创业活动中是不可控的。创业资源、创业机会、创业者、创业组织等创业要素都依赖于创业环境。

（三）创业教育

在对"创业"概念进行阐释的基础上，需要对"创业教育"的内涵进行深入了解。"创业教育"是由"创业"和"教育"构成的词组，"创业"是行为创新和探索性的行为，是人的本质力量占主体性的实现；"教育"是育人的活动，是培养创业者行为创新和探索性行为的育人活动，其关注的是人的本质力量的培育和主体性的塑造。二者把人的自由、个性发展与人的全面发展相结合，是"创业教育"的核心价值。

创业教育始于 1967 年，第一个设置创业教育课程的学校是美国百森商学院。世界经济合作与发展组织的专家柯林·博尔是世界上最早提出创业教育概念的人，他在向世界经济合作与发展组织教育研究与变革中心提交的一篇论文中认为，未来的人应该拥有三本"教育护照"，第一本是学术性的，第二本是职业性的，第三本是证明一个人的事业心和开拓技能的，即创业教育问题。其基本内涵是开发和提升受教育者的创业素质，即培养受教育者的事业心、进取心、开拓精神、创新精神以及从事某项事业、企业、商业规划活动的能力。

国内的一些学者也从不同的角度对创业教育进行了阐述。例如，复旦大学的博士李志能、郁义鸿等人指出，创业教育是一种教会创业者发现和捕捉机遇并由此创造新颖的产品、个性化的服务，实现其潜在、长远价值的教育。彭钢指出，创业教育是指提升我国高校大学生创业者的综合素质，栽培出一大批具有开创性的社会主义建设者和接班人的教育，创业教育是创新就业教育的一种理念与方式。王永友指出，创业教育是以培养高校大学生的创业意识、提升创业能力、调动创业激情为价值取向的教育。创业教育是素质教育中的一种教育模式，它是以提升高校大学生创业综合素质为目的的教育。贾文华认为，创业教育是各个高校创新创业教育的非常重要的一部分，它在引导大学生将自己所学的知识转化为实践活动的同时提升学生自身的创新能力，是培养创新型人才的有效途径。

五、大学生创业教育的主要内容

（一）创业意识的培养

长期以来，在我国高等教育的培养目标中，很少发挥人的主观能动性和创造潜能，学生的创业意识普遍较弱，因此，创业教育首先要培养学生的创业意识。创业意识是创业主体自觉进行创业实践活动的个体心理倾向，包括需要、动机、兴趣、理想和信念等心理成分；创业意识在本质上是一种积极进取的意识，是创业成功的思想基础和动力因素；创业意识主要包括积极探索、开拓创新的改革意识，善于捕捉和创造商机的市场意识以及创业所必需的竞争意识、风险意识和团队意识等；创业意识教育是创业教育的核心内容。

（二）创业心理素质的培养

创业是富有挑战性的，存在风险，因此要求创业的大学生具有良好的创业心理素质。创业心理素质是指对创业者在创业实践过程中的心理和行为起调节作用的个性心理特征，它与人所固有的良好的气质、性格有密切关系，它反映了创业者的意志和情感。良好的创业心理素质是大学生成功创业的前提与基础，要特别重视培养独立性、敢为性、坚韧性、克制性、合作性等心理素质，要培养学生坚定的创业信念、顽强的创业意志和良好的心理调适能力。

（三）创业能力与知识的培养

面对市场竞争，创业大学生在具有创业意识和创业心理素质的同时，还应该做好创业能力与知识的准备。创业能力是一种以智力为核心的综合性的实践能力，是创新思维、创新技法、创新实践以及创造性地解决创新过程中各种问题的能力的总称，是创业成功的充分条件和有力保障。创业能力主要包括专业技术能力、经营管理能力和社会能力。其中专业技术能力是最为基础的能力，是人们从事某一特定社会职业所必须具备的能力和本领，包括专业知识和专业技能；经营管理能力是指创业者在创业过程中所需要的管理能力和应掌握的工作方法；社会能力是指创业过程中所需要的社会行为能力。

六、创业教育的特点

（一）实践性

创业是一个具有开创性、实践性的过程，创业教育也是一个从理论到实践，再从实践到理性认知的过程。在当今的信息时代，创业者不仅要从集中的地点，利用固定的时间去学习相关的创业和专业知识，还要通过网络等信息媒介根据自身的兴趣、爱好，有选择地去学习和了解相关的知识和信息，更需要以实践体验式教学为主，如通过科技孵化园、大学生创业园等载体，加强实践应用性的体验式创业教育，只有这样，才能使创业教育实现理论指导下的实践，实践检验下的再学习，从而真正使创业教育取得良好效果。创业教育通过各种教育方式与培训、实训手段，使受教育者具有创业意识、创业精神、创业品质、创业技能等素质，并通过不断的教育和实践激发他们的创业激情，促使和鼓励他们肩负起创业的责任，大胆而有准备地走向创业之路。

（二）探索性

创业教育是复杂而庞大的系统教育工程，在我国需要从无到有、从有到发展成熟的长期工程，创业教育的思想、理念、定位与实践需要不断学习和探索。美国的创业教育从投入到产出历时半个多世纪，美国高校从 20 世纪初开始设立并讲授创业学方面的课程，20 世纪 30 年代斯坦福工程学院院长特曼教授给惠普公司提供了创业的"天使资本"。20 世纪 70 年代以后美国的创业教育才真正为本国和世界认可。20 世纪 80 年代，创业教育进入我国，由于起步较晚，创业教育无论是国家政策，还是教育者、教材、管理等教育资源，都需随着时间的推移不断积累、丰富和完善。就创业者本身而言，在创业的过程中，还需不断地探索、不断地创新，才能使企业永葆生机和活力，才能持续健康发展。因此，创业教育具有探索性的特点。

（三）开放性

任何一种教育创新活动都是社会环境变革的产物，创业教育作为一种实践性很强且具有一定引导作用的教育，首先应树立开放的教育理念，这就需要学校、社会、企业三者建立起互相补充、互相促进、互相作用、互相联系的关系，走出校园，走向社会，走进企业，使教师和学生真正实现理论教学与实训教育的有机结合，在实践中亲身体验，得以锻炼，不断提高。与此同时，应让社会管理者、企业家进入学校有效进行知识和经验的传授，进而实现三方密切合作，资源共享，互惠共赢。此外，学校与学校之间、国内与国外之间也应进行教育领域的广泛合作与交流，相互学习，相互促进。

（四）非功利性

创业教育作为一种新的教育理念和模式，为建立"21 世纪的教育哲学"开阔了新视野。《创业教育：概念模型和回顾》一文中提出："创业教育应明确创业教育使命，分析学习者需求，区分学习者的类型和风格，在明确目标听众后确定教学目标和教育方式，包括课程、学习教学法、教师特点等，最后区分创业教育在宏观和微观层次上的成果。也就是说，创业教育具有广泛的对象，这些广泛的对象从创业教育中得到的效果不同。"1998 年 10 月，联合国教科文组织在巴黎召开世界高等教育会议，大会发表的《21 世纪的高等教育：展望与行动世界宣言》明确提出，"高等学校必须将创业技能和创业精神作为高等教育的基本目标"，使毕业生"不仅成为求职者，而且逐渐成为工作岗位的创造者"。创业教育的最终目的就是以学生扎实的专业知识和技能为基础，培养学生的创业综合素质，使其真正成为创业的一代。

（五）主体性

主体性是人的最基本的特征，它包含人创新的内在潜质。大学生创业教育应注重学生的创业的主体性，把那些勇于创新、敢于冒险、有创业梦想和创业意愿的大学生培养成敢于走向社会大胆进行社会实践活动的能动的主体。在创业教育过程中，充分尊重学生的主体地位和参与原则，注重调动和激发学生的主观能动性、创新性，引导学生正确对待困难、挫折和挑战，运用已掌握的知识和经验，主动思考、勤于学习、善于创造，逐渐使学生掌握创业知识、创业能力等最基本的创业主体的综合创业素质。

第二节 大学生创业教育的基本原则和理论依据

一、大学生创业教育的基本原则

（一）目标激励原则

创业目标指的是创业者在创业过程中努力争取得到的预期结果，是创业者的动力源泉，只有目标明确，才可能对创业活动进行周密计划并果断决策。创业目标包括干什么、怎么干、结果是什么三个方面的内容。在制订创业教育计划时，要根据受教育者的具体情况分析各项措施的可操作性，各种创业目标要适应受教育者的自身能力，这样才能激发出受教育者的学习热情。

（二）实践性原则

大学生创业能力的培养主要依托实践活动，创业实践活动是使创业能力外显的实际媒介，创业能力只有通过实践，才能得到深层次的训练。首先，要明确创业实践活动的含义。创业实践活动是指具有创业教育意义和价值的创业教育的特定课程模式，是以学生的自我教育和自主学习为主线的教育活动，是以利用实践为纽带的，以实践成果为价值判断的教育方式。其次，学校应探索创业教育特定的课程模式。创业教育的课程模式应该是由教师根据创业教育的目标、内容、要求，有目的、有计划地组织和建立的，是学生根据自己的需要、兴趣和特长，主动参加和积极配合的，具有特殊性质的双向活动。只有做好这两方面的工作才能找到教育活动的着力点，创业教育的实践性原则才能得到真正有效的运用。

（三）因材施教原则

大学生创业教育应遵循因材施教原则。每个学生的志趣、心理承受能力、分析决策能力、灵活应变能力、沟通协调能力等都有所不同。高校在建立创业教育通识类课程体系并实施教育时，教师需针对不同专业的学生的具体情况，提出针对每个个体的教育培养方案，开发受教育者的潜能，激发他们的创业热情，逐层递进地帮助他们树立创业信心，熟悉创业流程，降低创业风险，从而提高创业教育的实效性。

（四）资源整合原则

大学生创业必须依托良好的创业环境，创业环境需依靠社会多方共建。有专家指出，我国的创业环境中还存在软肋，在金融支持、政府政策、政府项目、教育与培训、研究开发转移、商务环境及文化与社会规范等方面均存在不少问题，有待改善。改革开放以来，我国各地区均十分重视投资环境建设，但现在应该更多地关注创业环境的建设。创业教育不仅是高校的事情，还是全社会的事情，不仅需要相应管理部门政策的出台和落实，还需要创业园区、行业协会、大小企业和工商界、劳动保障等部门提供资源、服务和信息，整合资源，通力协作，才可以更好地实施创业教育。

（五）主体教育原则

主体性是人作为活动主体在和客体的相互作用中表现出来的功能特性，具体表现为自主性、能动性和创造性。马克思主义关于人的全面发展学说包含两个不可分割的内容：一是社会应向人提供全面教育；二是要给每个人发展个性的权利，这是人类迈进解放自己航道的标志。因此，注重个性、发展个性是开发人的创造力、落实全面发展的重要前提。创业教育的主体教育原则要求把学生作为主体，承认个体存在差异，启迪个性发展，因材施教，用不同的"钥匙"去打开大学生心灵的不同"窗口"。因此，在进行创业价值观教育的过程中，发挥大学生的主体性至关重要。开展大学生创业价值观教育，要以大学生自己的创业意识、创业生活和经验系统为参照，结合社会上成功创业的实例，让他们感知创业故事，感悟创业精神，感受创业价值；要尊重大学生求新、求变的心理需求，通过新颖别致和富有创意的教育方式，吸引他们主动参与创业教育活动，实现自我教育。

（六）人文教育原则

教育的首要功能就是"明德"，主要在于升华人格。创业教育不仅是创业知识、创业技能的教育，更是创业精神、创业思维和创业方法的教育。大学生创业价值观教育实现从"授之以鱼"到"授之以渔"的转变，大学生创业价值观的有效构建，不是单纯靠开几门创业课程，组织几次实践活动就能完成的。因此，必须转变重知识灌输、轻精神提升，重技能获得、轻素质培养的教育理念，把创业理性意识、正确创业观念和态度的确立，创业方法和创业手段的应用，贯穿于各门课程的学习之中，鼓励大学生在种种接近创业现实的教学情境中掌握、展现创业知识和创业技能。同时，注重创业必备知识和创业相关法律教育，注重培养大学生的人文精神，将人文素质作为创业价值观的底蕴。

二、大学生创业教育的理论依据

（一）人的自由全面发展理论

人的自由全面发展是人类数千年来的追求，从古希腊时代起就有人思考这一问题，文艺复兴时期的启蒙思想家和之后的许多资产阶级哲学家都不同程度地探讨过这一问题。马克思在吸取前人思想的基础上，创建了自己的人的自由全面发展学说。他从分析现实的人和现实的生产关系入手，指出了人的自由全面发展的条件、手段和途径。马克思以人的发展为尺度，将社会历史分为三个阶段，即"人的依赖关系阶段""以物的依赖性为基础的人的独立性阶段""建立在个人全面发展和他们共同的社会生产能力成为他们的社会财富这一基础上的自由个性阶段"。马克思还指出，人类发展的最高境界就是每个人自由而全面地发展，这种"个人的全面性不是想象的或设想的全面性，而是其现实联系和观念联系的全面性。由此而来的是把个人自己的历史作为过程来理解，把对自然界的认识当作对自己的现实躯体的认识"。因此，人是通过社会实践来实现自由全面发展的，而创新创业又是社会实践的重要组成部分。创新创业正是通过对客观必然性的把握和超越，为人类活动提供了广阔的天地，使人类的认识和实践由必然上升到自由。创新创业能使人们活动的空间越来越广，各种文明的交流也越来越频繁，人们能充分利用各行业、各领域的互补性来实现自由全面发展。

马克思主义关于人的自由全面发展学说，是我国大学生创业教育的指导思想。大学生创业教育是一种引导人走向成才和成功的教育，它强调全面开发人的潜能，培养大学生的创新思维方式，培养大学生的创业能力及社交、管理技能，让大学生通过树立正确的世界观、人生观、价值观来确定自己的职业生涯，获得未来的创业成功。大学生创业教育应始终坚持以人为本，坚持面向全体学生，开发人的主体性和自由个性，帮助大学生学会处理与他人、集体、社会的关系。大学生创业教育应帮助大学生升华和完善自身人格，为未来适应社会、完成自身社会化进程打下良好基础。大学生创业教育应注重提高学生的学习力、创造力、竞争力、适应力和自信心，让大学生在实践中获得新知识、新能力。大学生在创业教育和创业实践中，既能培养健全的人格，又能学习知识和能力，从而实现自身的自由全面发展，成为推动经济社会发展的有用人才。

大学生创业教育十分强调对学生动手与动脑能力的培养，强调对学生社会实践能力的培养。开展社会实践活动是大学生创业教育的一个重要环节，通过实践，能使学生正确面对现实，并根据社会需要全面提升自己的创业素质。因此，以能力为导向的大学生创业教育，正是从实践出发，使人的本质逐渐完善、丰富和全面起来，从而不断增加人的"新质"和不断形成"新的人"。可见，大学生创业教育是对马克思主义关于人的自由全面发展学说的深化和拓展。

（二）个性发展理论和人职匹配理论

个性是一个内涵非常复杂、外延极为广泛的心理学概念。在美国心理学家埃里克森的"个性发展理论"中，将人的个性分成婴儿期、幼儿期、幼儿后期、学龄期、青年期、成人初期、中年期、晚年期八个阶段。埃里克森认为，个性的成因具有复杂性，既受生物因素的影响，又受社会、历史、文化等因素的制约；个性的形成与发展贯穿于人的整个生命周期中，人在自我与环境的相互作用中不断充实和培育着个性。个性发展理论是大学生创业教育的重要理论依据。在大学生创业教育中，必须尊重人的个性，使大学生在与环境的和谐相处中，各方面素质能得到和谐发展。大学生创业教育作为新型的教育形式，应该无论在教育理念、人才培养方式上，还是在教学方法、教学手段上，都要遵循个性发展理论的要求。要推崇"以人为本"的教学理念，课堂教学应由原来的"教师本位"向"学生主体"转变，从而尊重学生的个性发展，尊重学生的实际需要，充分挖掘学生的潜力，最大限度地调动学生的积极性。在教学方法上，教师应该根据不同学生在兴趣、爱好、特长上的差异，采取因材施教的方式，营造民主、平等、愉快的教学氛围，让学生在轻松的教学环境中提升对创业课程的兴趣。

所谓人职匹配理论，就是个体根据自己的个性特征，找到与自己个性相符合的职业类型。人职匹配理论是由美国心理学家约翰·霍兰德于1959年提出的，这一理论的精髓是"适合"，或人职协调。霍兰德认为，一个人的职业是否稳定和成功，很大程度上取决于其个性类型与职业所需条件之间的适应情况，当个体找到适合的职业岗位时，个人的才能与积极性才能得到充分发挥。

霍兰德指出，与人的个性类型相对应，所有的职业环境也可划分为六大基本类型，任何一种职业都归属于六种类型中的一种或几种类型的组合。霍兰德认为，这些职业性向之间越相似或相容性越强，一个人在职业选择时面临的内在冲突和犹豫也就越少。

根据霍兰德的研究，个体最为理想的职业选择，是从事与其职业性向相重合的职业。只有这样，个体才最容易获得满足感并体会到工作的乐趣，才最有可能充分发挥自身的才能。随着社会的发展，很多岗位对知识和技术的要求会越来越高，这对相关从业者也提出了新的要求。当今社会要求在动态的职业变化中，人人能学习，时时能学习，处处能学习，使岗有其人、人适其位、人尽其才，实现人职的合理匹配。对创业者来说更是如此，创业领域的选择不再是静态的事件，而是一个动态的过程。创业者的追求应当符合理性，创业之路就是不断寻找或创造适合自己的兴趣、爱好及能力的事业，真正达到人职最理想化的匹配，并圆满实现自己的人生价值。大学生创业教育是为社会培养未来的创业人才，只有紧抓创业教育培养目标，造就有主体性、独立性和创造性的全面发展的人才，才能真正适应社会的需求。

第三节　大学生创业教育实施的指导思想

一、大学生创业教育指导思想

（一）分层次实施创业教育

目前，虽然我国大多数高校的创业教育课程在教育对象的定位上都是面向全体学生的，但事实并非如此。一是在很多教育工作者和大学生的观念中认为创业教育仅是针对少数创新能力比较强、学习成绩非常优秀的学生开展的教育，大部分学生是难以涉足的。二是我国高校的创业教育兴起于创业计划大赛，在开展创业教育的高校中，由于创业教育内容供给的欠缺，创业教育中受教育的对象确实仅局限于少数学生。各个学校设立的形形色色的"创新实验室""学生创业俱乐部""科创中心"均为精英化的机构，大部分学生因为各方面条件的限制而被迫只能成为旁观的"看客"。这种对创业教育片面、错误的认知也挫伤了大多数学生的创业积极性。

因此，我国高校的创业教育应实施分层次教育，即采用普及型创业教育和专业型创业教育相结合的教育模式。面对全体学生，开展普及型创业教育，以培养其创业意识和创业精神为教学目标。从大学一年级开始注重培养学生的创业精神和创业能力，并随着学生年级的升高加大这种教育的力度。对在校期间表现出较强创业能力和良好创业条件的学生，开展专业型创业教育，以培养创业者为教学目标。在学生管理和学籍管理方面采用"弹性"管理，为这类学生提供创业培训和创业支持，培养自主创业者。在校园内树立自主创业的典范，形成浓厚的高校创业氛围。

（二）分专业实施创业教育

面向各专业，对所有学生实施相同的、完备的创业教育是高校理想的教育状况。但共性之中总会包含着个性，在创业教育这个共同目标下，包含受教育对象专业的不同和个性特点各有差异的现实。文科生、理科生、工科生在知识背景、思维方式、思想观念、个性特点、做事风格等方面都是各有不同的，因此他们在接受同一事物的能力与方式上也有很大的差异。这种差异也造成了大学生在接受创业教育的需求层次、目标定位和教育基础等方面的不同，这是高校创业教育过程中不容回避的客观事实。

专业教育是创业教育的基础。在专业教育中，应增加以专业型创业为导向的专业课程群的教学内容。鼓励和指导学生收集、积累和掌握专业型创业相关的各种资料、相关信息，包括行业准入制度、法律法规、行业标准、市场环境和价格等信息。在掌握专业型创业的各种相关信息的过程中，时刻留意专业领域中的自我雇佣型创业机会，特别是那种专业性较强、门槛较高、投资在2万~30万元的商机，对其进行更加深入的研究，发现其利润点，构建出获利的商业模式。

利用专业实习的机会，对创业型企业的商机进行实地考察，向业内人士请教，并与他们建立联系。鼓励学生利用寒暑假时间进行全方位、多地点的实地考察，获得第一手资料、体验和感悟，准确抓住商机，开创企业。

二、大学生创业教育指导的思考

（一）强化创业教育观念

1. 创业教育的价值取向趋于"个体本位"

从开展创业教育的目的来看，创业教育不仅是为了给大学生创造就业岗位和将学生培养成成功的企业家，更重要的是激发和唤醒学生的创新意识，使他们养成创新的思维习惯，学会主动获取新知识、创造新知识，并通过自身的整合能力，将已有知识转化为个人的综合能力，继而作用于社会实践，实现个体和社会的价值相协调。也就是说，相对于"解决就业、积累财富、提升社会地位"而言，"最大限度地实现自身价值是大多数学生创业的首要目的"。因而在观念上，创业教育的价值取向应逐渐摆脱单一的"社会本位"，走向以"个体本位"为主，"社会本位""知识本位"和"个体本位"相统一，这样不仅可以"提高人的生存能力"，还可以考虑到"如何增加人的存在意义"。

2. 创业教育的实践教学立足于"体系重建"

很多高校已经引入创业教育的课程和创业实践的内容，甚至有些高校已开设专门的创业课程。然而存在的问题是，创业教育的实践教学过程过于简单，侧重"实务技能的训练"。为了使创业教育融入高校育人体系中，不致游离于高校专业教育之外，不仅要提高创业教育在就业指导工作中的地位，还要将其纳入就业教育的全过程。这就要求高校要将专业技能培训与创新能力的培养相结合，在专业实践教学中渗透创业意识和创新思维的训练，同时对于创新教育实践效果，不能仅注重形式和短期成效，应将"追求表面效果"的大量精力用于对学生创新能力培养机制的建设上，拓宽与社会企业沟通的渠道，建立长效、可靠的创业联盟基地，着眼于学生的真实发展和长远发展。

（二）构建全方位的创业教育体系

基于促进大学生创新能力和可持续就业能力发展的价值取向的一致性，将创业教育嵌入大学生发展式就业指导模式的过程中，主要体现为保障创业教育研究队伍建设，形成贯穿就业指导全过程的创业内容体系，创造以高校引导、政府扶持和社会企业参与相结合的创业性就业环境。

1. 高校引导、政府扶持和社会企业参与相结合

大学生创业性就业环境的创造需要多方参与，高校引导是基础，政府扶持是关键，社会企业的参与是催化剂。"高校引导"是指高校要引导学生确立创业意愿，激发学生的创新意识和创业积极性，使学生明确创业性就业的发展思路。同时高校还要组织创新创业大赛，促进学生创业技能的提升，在低年级鼓励学生通过参加各种职业生涯大赛，激发他们的创业热情和竞争意识。"政府扶持"是指国家针对自主创业的大学生制定贷款和税收方面的优惠政策，并出台相关政策法规保护大学生创业者的合法权益，鼓励大学生自主创业，消除他们创业的后顾之忧。政府机构应为大学生创业提供各类政策、法律、法规的咨询服务，建立信用担保、产权交易等机构，重视各类科技园区、孵化基地的建设，提高创业企业的成效。"社会企业参与"不仅包括社会企业界要积极向高校推荐实践型人才，以满足高校师资队伍的引进需求，而且高校创业教育的内容需要通过企业界的支持来获取，同时高校和企业应联合起来将学生的创业成果有效地转化为生产力，并使之积极接受社会企业的检验。

2. 构建全程化的创业教育课程体系

目前，我国的创业教育还不成熟，特别是在学生的培养目标中，还没有将创业精神作为一种需要学生在大学教育中获取的意识和行为特性。要将创业教育贯穿于全程化的大学生就业指导过程中，一是要精心设计创业教育的内容体系，二是要将创业教育理念贯穿于学校的各项教育活动过程中，尤其是融入专业教育课程体系中。在课程设置上，不仅要建设系统、完备的创业教育课程体系，而且要深刻挖掘专业课程中的创新元素，整合专业课程中与创新创业有关的知识，实现与创业教育课程相互融合、互补，从而在专业教育课程中渗透创业教育。在课程实施过程中，专业教师要能站在创业教育的角度对专业课程进行"分解、重组"处理，根据创业者素质的需求选择专业知识，在专业教育中对学生进行创新意识的熏陶和创新思维的培养。只有这样，我们才能使专业教育充分渗透创业理念，担负起创业教育的重任，实现大学生创业就业的培养目标。

第四节　大学生创业教育实施的具体方法

一、探索创业教育新模式

大学生创业教育包括理论教学、教育活动和创业实践三个有机组成部分，可以采取普及性创业教育、系统性创业教育和创业实践活动相结合的培养模式。

开设创业课程进行理论教学是创业教育的重要途径，理论教学环节主要以创业选修课、创业培训班等形式进行；创业教育活动是创业理论教学的延伸，主要以创业计划竞赛、企业实习等课外活动的形式开展创业教育；创业实践环节旨在培养学生的实际创业能力，学校可成立创业园或创业中心扶持学生实践，同时要注重与社会的对接，在企业中设立学生创业实践基地，尽力为学生提供创业实践的社会平台和机会。

二、明确创业教育定位

创业教育的正确定位是高校创业教育有效实施的前提条件，高校首先应该明确创业教育的教育地位问题，也就是说，明确创业教育在高校人才培养中主要解决什么问题。从这个意义上讲，创业教育的定位应该是大学生素质教育与创新教育的一个重要组成部分。

高校如何进行具有本校特色的创业教育，要从高校自身层面上为自己定位，学校的性质不同，所在地区不同，学科特色不一，创业培养方向也不相同，创业教育的实施也就有所不同。创业教育的具体实施要从本校和学生的实际出发，从本地区的经济发展状况出发，结合学校学科特色制定适合自身的创业教育目标。

三、树立以创业教育为核心的教育理念

培养创业型人才是知识经济时代对高等教育提出的新要求，也是我国高等教育从精英化走向大众化的必然选择。

对高校而言，一要转变学校的办学指导思想，即将狭窄的知识教育、单纯的就业教育转变为以提高学生综合素质为主的创业教育，把培养创业型人才作为高等学校教育工作的重要内容，树立以人为本、以创业教育为核心的教育新理念。二要把培养学生的创业能力作为高校新的教育目标和教育改革方向。学校教育给学生提供的是一个走向社会的起点，使学生改变专业对口的静态就业观，确立就业就是不断创业的动态人才观，不但解决自己的就业问题，还能为社会创造更多的就业岗位。高等学校应改革传统的人才培养模式，从就业教育转向创业教育的人才培养模式，从单一人才观转为复合通用人才观。现代社会所青睐的人才不再是专业定向、思维定式、技能定型的人，而是拥有多种能力、宽泛的专业基础和独立创新精神等素质的人。因为在知识经济时代，我们需要的教育不仅是就业、择业教育，更应该是创造、创新、创业教育。高校应该成

为培养创业型人才的摇篮,教会学生创业,为学生走向社会、独立谋生奠定基础。

四、规范创业教育评价

创业教育不是仅针对少数学生,也不是只针对课堂教学的教育,而且它的目的也不是让学生都去创业。所以不仅要对有创业意识和能力的学生进行创业教育,还要对没有创业意识和能力的学生进行创业教育;不仅要有课堂教学,还要有社会实践活动;不仅要让学生通过创业走向成功,还要让学生向就业、成长的有利方向发展。因此,创业教育的评价应该是多样的。评价原则和方法的正确科学与否,关系到创业教育能否走上正轨,使学生从"高分低能"的模式中走出来。这也就是评价的导向作用。

(一)评价原则

1. 以纵向评价为主,横向评价为辅

创业教育无论是知识和能力的形成,还是意识和心理品质的改变,都是一个长期的过程,而且因人而异。因此,对于创业教育来说,应以纵向评价为主,引导学生不断地完善和发展自己。

2. 以自我评价为主,他人评价为辅

传统的教育模式几乎都以他人评价为主,包括学校的奖励、教师的肯定、父母的满意、同学的认可等,学生要成为他人眼中的好学生,这样就很容易失去自我。而创业教育的目的是培养具有开创精神和创新意识的人。因此,以自我评价为主的创业教育,不仅可以增强学生的敢为性、独立性,使学生更加坚定自信,还可以让学生摆脱他人思想的束缚,更容易取得创业的成功。

3. 以社会评价为主,学校评价为辅

教师眼中的"好学生"或同学心中的"好同学",并不意味着以后就能创业,想要成为一个"好创业者",还得让社会这个"大法官"来检验,所以创业教育的评价应最大限度地贴近社会实际、体现现实情况,这样学生才能真正知道该怎样做才能贴近社会,才能在今后的创业道路上立于不败之地。

4. 以改进和管理功能为主,鉴定和选拔功能为辅

在创业教育中,鉴定和选拔功能固然是一个重要方面,但改进和管理功能更符合开展创业教育的意图。改进功能主要表现在:首先,帮助学生改进学习;其次,帮助教师改进教学;最后,帮助学校改进工作,及时总结经验。

（二）评价方法

1.测验法

测验法包含很多种类，按照测验的性质分类，可以分为学生成绩测验、智力测验、性向测验及人格测验等；按照测验的功能分类，可以分为安置性测验、诊断性测验、形成性测验及终结性测验等；按照测验的形式分类，可以分为口试、笔试、操作等。在按照测验的性质分类的这几种测验法中，传统的教育只使用了学生成绩测验，而很少涉及其他测验方式。其实，对于创业教育来说，性向测验及人格测验更能反映实际情况。性向是学生尚未表现出来的潜在的能力倾向，性向测验就是通过测量这些潜在的能力倾向，来预测和估计学生在接受训练后，可能在知识和技能方面达到的程度。人格测验就是测量通过教育后，学生在动机、兴趣、态度、情感、信念、价值观等方面发展变化的情况。这两种评价方法用在对学生创业意识的形成及创业心理品质的培养方面具有显著的效果。

2.观察法

观察法是通过观察学生的行为表现及其变化，来评定教学在学生的态度、兴趣和思想情感发展方面的成果。它包括许多具体的方法，如轶事记录法、等级量表法等。创业教育的具体教学目标中就包含了情感领域和精神运动领域，学生是否在这些领域中完成了教育预期的目标，可以通过这种方法加以衡量。

3.问卷法

包括态度测量、兴趣测量、个性测量等。例如，在开展创业教育的过程中，可以对学生的创业意识是否有所增强进行问卷测量，以此来检测学生在接受创业教育后的意识倾向；还可以对学生在创业实践中感到困惑的问题进行问卷分析，以此为基础有针对性地解决不同学生的不同问题等。

4.评定法

评定法是一种用既定的量表进行评价的方法，而评定量表则是根据评定目的编制的一系列评定项目，每一个评定项目都有严格的评分标准。测验和评定量表都是测量工具。测验一般倾向于定量判断，对对象做出数量上的测定；评定法倾向于定性判断，是对对象的价值进行估量。评定法的优点是可以很容易地显示评价的内容和结果，人们可以准确、快速地找到需要的信息，评价的结果也易于分析。

5. 访谈法

对于创业教育来说，访谈法主要是指教师通过对学生曾经参加社会实践活动及创业活动的企业、地区的相关人员的访问、调查，找出社会对学生的看法，从而得出一些评价。

五、创业实践基地、创业孵化园

大学生在开展创新创业活动时，想法很多，并且很多都是高质量的。而要想把一些高质量的创新创业项目、设计投入市场，转化为生产力，关键是要在前期把工作做细、做到位，然后在确保市场方向正确的情况下，要敢于去做。如果不付诸实践，再好的创新项目、设计，终究也只是纸上谈兵。大学生创新创业作品能够进入市场，转化为生产力的毕竟还是少数。而作为普通的参与者，大多数大学生还是要通过创新创业活动来培养创新精神和创新创业能力。

对于这一问题，各个高校已采取了一系列的措施。成立大学生创业实践基地、创业孵化园便是措施之一。成立大学生创业实践基地，是为了深入推进高校的学研结合，进一步培育大学生的创新、创业能力，探索毕业生就业、创业途径，鼓励和扶持大学生自主创业，为学生搭建创业平台，以促进高校大学生创业实践活动的展开。大学生创业实践基地，是立志于创新创业的大学生的实践训练场。大学生创业孵化园，是大学生自主创业的实践基地和自主开展创造、创新活动的实验基地，提供创业辅导、人才推荐、技术咨询、财税咨询、法律咨询、市场开发、生产办公场地等创业服务，为大学生创业提供便利，为社会培养复合型、创造型人才，为高科技成果的产业化服务。大学生创业孵化园进一步提高了大学生创业的成功率。

参考文献

[1] 程欣，吕久燕．大学生职业生涯规划与就业创业教育 [M].北京：北京邮电大学出版社，2017.

[2] 张秋山，刘焱，李宏亮．大学生职业生涯规划与创业教育 [M].北京：人民出版社，2016.

[3] 许勤，周焕月．大学生职业生涯规划与发展 [M].西安：西安交通大学出版社，2017.

[4] 吴隽．大学生职业生涯规划与创业教育 [M].北京：高等教育出版社，2014.

[5] 吕平．大学生职业生涯规划与就业创业指导 [M].天津：南开大学出版社，2018.

[6] 张琳，李中斌，王杨．大学生职业生涯规划与就业指导 [M].上海：上海交通大学出版社，2018.

[7] 林佩静，刘荣．大学生职业生涯规划与就业创业指导 [M].西安：西安电子科技大学出版社，2017.

[8] 李培山．大学生职业生涯规划与就业指导 [M].大连：辽宁师范大学出版社，2017.

[9] 邓基泽．大学生职业生涯规划与就业创业指导教程 [M].北京：中国农业大学出版社，2016.

[10] 敖四，张娜．大学生职业生涯规划 [M].武汉：武汉大学出版社，2017.

[11] 章周道．大学生职业生涯规划、就业与创业指导 [M].厦门：厦门大学出版社，2015.

[12] 丘木生．大学生职业生涯规划与管理 [M].广州：暨南大学出版社，2015.

[13] 秦辉，陈靖，余群．职业生涯规划与就业指导 [M].长春：吉林大学出版社，2017.

[14] 王兆明，顾坤华.大学生职业生涯规划 [M].苏州：苏州大学出版社，2014.

[15] 陈彩彦，兰冬蓉.大学生职业生涯规划 [M].北京：航空工业出版社，2018.

[16] 郭芬.基于职业生涯规划的大学生创新创业教育模式探析 [J].开封教育学院学报，2018，38（11）：99-100.

[17] 龙云霞.基于发展创新创业能力的当代大学生职业生涯规划教育研究 [J].四川劳动保障，2018（S1）：11-13.

[18] 张丽楠.职业生涯规划视野下的大学生创业教育研究 [J].佳木斯职业学院学报，2018（2）：248-249.

[19] 张方华.面向就业的大学生职业生涯规划教育 [J].科技资讯，2018，16（35）：255-256.

[20] 陈小珏.大学生职业生涯规划实施路径探究 [J].新课程研究（中旬刊），2018（12）：114-115.

[21] 王庆港，姜锈玮，孙建浩，等.大学生职业生涯规划与发展需求研究 [J].中外企业家，2018（33）：164-165.

[22] 王苇.大学生职业生涯教育研究 [J].西部素质教育，2018，4（21）：62-63.

[23] 王磊，童俊，王凯.大学生创业型领导人才成长路径探析 [J].湖北工程学院学报，2018，38（5）：90-93.